真実

私は「捏造記者」ではない

真実

私は「捏造記者」ではない

植村 隆
Takashi Uemura

岩波書店

目次

第1章　閉ざされた転職の道……1
転職先を失う／『週刊文春』の取材のやり方／大学教員への夢／朝日新聞社とのやりとり

第2章　「捏造」と呼ばれた記事……31
「録音テープ」から始まった記事／1990年夏、空振りが続いた元慰安婦取材／金学順さんが名乗り出た／もう一つの記事、キーセン学校の経歴を書かなかった理由

第3章　韓国・朝鮮との出会い……57
京都で見た金色の仏像／朝鮮人に連帯した詩人「槇村浩」／友愛学舎での日々／『朝日』記者としてソウルへ語学留学／「ソウル遊学生通信」発行／猪飼野での暮らしと取材／金大中氏とコバウおじさん

第4章　反転攻勢、闘いの始まり……91
——不当なバッシングには屈しない

『朝日新聞』に検証記事掲載／「負けるな植村！」／一筋の光、差別と闘う人々との出会い／小さな大学の大きな決断――脅迫には負けないことを表明した北星学園大学／弁護団誕生、訴訟への長い道のり

第5章　「捏造」というレッテルが「捏造」……127
西岡力氏への反証／『読売』との対決／幻の『読売新聞』インタビュー／虚偽と誤解に基づく『産経』の攻撃／『産経』は「強制連行」と報道していた／阿比留氏らとのインタビュー

第6章　新たな闘いへ向かって……173
東京地裁で名誉毀損訴訟が始まった／初めての意見陳述／アメリカ横断の旅――6大学で講演／歴史学者らの声明が追い風に／札幌での闘い／緒戦の勝利／望郷の丘／架け橋を目指して

資　料　217
関連記事
慰安婦問題を報じた主な記事のうち「挺身隊」という言葉が出てくる部分
慰安婦問題と植村隆をめぐる主な経緯
金学順さんの証言の各紙掲載内容

あとがき　231

第1章

閉ざされた転職の道

転職先を失う

指定されたホテルは、神戸の海の上にあった。人工島「ポートアイランド」の中央部にある「神戸ポートピアホテル」である。この人工島は神戸港の沖合に造られている。神戸空港はこの島の南側の別の島にある。２０１４年2月5日午後、札幌から空路で神戸空港に到着した私は、２つの人工島を結び神戸市街地につながるモノレール「ポートライナー」に乗った。神戸空港駅からは、海の向こうに六甲山を背にした神戸の市街地が見える。海から神戸の街へぐんぐんと向かう、この無人モノレールからの風景は雄大で、私はとても気に入っている。だから、モノレールに乗るたびに、わくわくするのだ。

10分足らずで、ホテルのある駅・市民広場で下車した。ここで面談だ。宿泊もするように連絡を受けていた。チェックインをしながら思った。

「なぜ彼らは大学内で私に会わないのだろうか」

ホテルの部屋から人工島内の公園を見た。雪景色の北海道から来た私にとって、常緑樹が広がる雪のない公園の風景は、なんだか不思議な光景に思えた。これからは、この雪のない神戸の街と北の街・札幌を行ったり来たりすることになるのだ。

「まるで空を飛ぶノマド（遊牧民）だな」

と心の中で思っていた。朝日新聞社テヘラン特派員時代、カシュガイ族という遊牧民に強い関心をもった私は、ある遊牧民の家族に密着取材をし、彼らの移動にも同行したことがある。それを思い出していたのだ。彼らは、ロバなどに乗って移動していたが、私は格安航空会社の航空機で移動することになる。

私は２００９年に北海道支社に配属され、２０１２年４月からは地元・札幌の北星学園大学非常勤講師も務めていた。韓国、中国、台湾などからの留学生に日本事情などを教える授業だ。若い世代とともに学ぶ喜びを実感し、大学教員への転職を熱望するようになっていた。研究と教育に人生の後半をかけようと思った。

２０１３年夏に、神戸市にあるキリスト教系の神戸松蔭女子学院大学が教員を公募しているのを知った。マスメディア論・文章論などを担当する教員で、記者経験者が対象だった。これは私にはうってつけだと考えた。当時私は55歳で朝日新聞社の函館支局長。家族を札幌に残し、単身赴任をしていた。この大学の専任教員になれたら、同じように単身赴任をすればいい、空路なら神戸と札幌は、ＪＲで函館から札幌へ行く時間と大差はない、しかも格安航空が神戸と札幌を結んでいる。

この教員公募に応募した。幸いなことに書類審査を通過し、11月下旬の面接もうまくいった。２０１３年12月に採用が決まり、雇用契約書を取り交わした。14年４月の着任を前に講義計画（シラバス）

などを大学側に送り、神戸への引っ越し準備をしていた。その矢先に、大学へ呼び出されたのだった。

大学当局者との約束の時刻は夕方だった。それまで少し時間があるので、神戸の町に出て、東京本社時代に取材したことのある神戸の弁護士に会った。朝日新聞社をやめて、ここ神戸の女子大学の教授に転職することを伝えた。弁護士は私の転職を喜んでくれた。共通の神戸の知人の名前を挙げて、彼にも連絡して一緒に転職祝いをしよう、と言ってくれた。そういえば、ずいぶん長い間、関西の友人たちにも連絡をとっていなかった。大阪社会部時代にずいぶんたくさんの関西の人たちにお世話になった。しかし、その後、長らく海外特派員をしたこともあり、連絡が途切れていた。これからは私も神戸の住人になる。徐々に連絡を取り始めなければならない。

ただ、不安もあった。5日前の1月31日夕方に大学の事務局長から、電話で面談の連絡を受けていた。「週刊文春に出た記事のことで、「なぜこんな者を教授にするのか」などと、抗議の電話などが来ている。この件で話をしたい」との内容だった。

『週刊文春』の記事とは、私の書いた1991年の記事を「捏造」とレッテル貼りをしたもので、2014年2月6日号(1月30日発売)に掲載されたものだった。私は朝日新聞社大阪社会部記者時代の1991年8月11日、ソウルに在住している匿名の元朝鮮人慰安婦の証言を記事にした。大阪本社版の社会面トップである。前文(リード)にはこう書いた。

「【ソウル10日＝植村隆】日中戦争や第二次大戦の際、「女子挺（てい）身隊」の名で戦場に連行され、日本軍人相手に売春行為を強いられた「朝鮮人従軍慰安婦」のうち、1人がソウル市内に生存していることがわかり、「韓国挺身隊問題対策協議会」（尹貞玉・共同代表、16団体約30万人）が聞き取り作業を始めた。同協議会は10日、女性の話を録音したテープを朝日新聞記者に公開した。テープの中で女性は「思い出すと今でも身の毛がよだつ」と語っている。体験をひた隠しにしてきた彼女らの重い口が、戦後半世紀近くたって、やっと開き始めた」

私は、「女子挺身隊」という言葉を使った。当時、韓国では「女子挺身隊」といえば、ほぼ「慰安婦」を意味していた。それは、尹貞玉（ユン・ジョンオク）さんが立ち上げた「韓国挺身隊問題対策協議会」という団体名にも反映されている。日本でも慰安婦問題を先駆的に取り上げた千田夏光『従軍慰安婦』（1973年）が慰安婦を「挺身隊」と表記し、両者の区別は明確でなかった。日本のメディアは韓国で定着していた認識を踏襲していた。私はこの女性が連行された経緯については本文で「だまされて慰安婦にされた」と書いた。

私の記事が出た3日後の91年8月14日、この女性は実名（金学順（キム・ハクスン）さん）で記者会見し、韓国での証言者第1号となった。彼女の勇気ある名乗り出により、韓国では慰安婦の証言が相次いだ。

この時、月刊『文藝春秋』92年4月号で西岡力氏（現在、東京基督教大学教授）は、私が「挺身隊」という言葉を使ったことなどで、「重大な事実誤認」があるとして、私を批判した。

西岡氏からの取材申し込みはなかった。私はこの批判について社内向け報告書を提出し、朝日新聞社として「問題はない」との結論になった。その記事を、『週刊文春』は「捏造」と批判したのだった。

『週刊文春』2月6日号の記事には、「〝慰安婦捏造〟朝日新聞記者がお嬢様女子大教授に」という見出しがつけられていた。「怒りの総力特集　韓国の「暗部」を撃て！」という特集のひとつで、いわゆる「嫌韓」記事の一種である。

記事の中に西岡力氏のコメントがあった。「植村記者の記事には、「挺身隊の名で戦場に連行され」とありますが、挺身隊とは軍需工場などに勤労動員する組織で慰安婦とは全く関係がありません。しかも、このとき名乗り出た女性は親に身売りされて慰安婦になったと訴状に書き、韓国紙の取材にもそう答えている。植村氏はそうした事実に触れずに強制連行があったかのように記事を書いており、捏造記事と言っても過言ではありません」。見出しはこのコメントからつけたようだ。

大学教授への転職直前の誹謗中傷記事だけに、大学からの連絡を受けて憂鬱になった。それでも丁寧に説明すれば、何も問題にはならないだろうと説明資料を準備することにした。その資料を数日がかりで完成させ、神戸のホテルに持参していた。

約束の午後6時半。地下1階の小会議室「桜の間」へ向かった。

緊張した表情の3人の大学当局者が私を待っていた。名刺を交換してから、話し合いを始めた。

「捏造記事でないことを説明させてください。これが資料です」

私はそれぞれの前に資料を配った。すると、3人はテーブルに置いた資料には手を出さず、

「説明はいらない。この記事が正しいかどうかが問題ではない」と口々に言った。

「文春の記事を見た人たちから「なぜ捏造記者を雇用するのか」などという抗議が多数来ている。記事の内容の真偽とは関係なく、このままでは学生募集などにも影響がでる。松蔭のイメージが悪化する」

「この記事によって多数の抗議が大学側に来ており、このまま4月に植村さんを受け入れられる状況ではないので、どうすればいいのか相談したい」

要するに、大学に就職するのを辞退してくれないか、という相談であった。いったん採用を決めた教員を守る、という姿勢は全くなかった。

私は文春の記事に対しては、法的措置をとると伝えたうえで、「この不当な記事によって、そうした被害が出ているのは遺憾。しかし、私も退職手続きを取って、大学に就職する準備をしている。退路を断っており、「はい分かりました」とは言えない」と答えた。

話は平行線だった。大学側は私を辞めさせろというメールのコピーなどを持参していた。

神戸松蔭側の説明によると、「1月27日(月)に文春の記者から電話があり、①植村氏が教授になるのか、②どんな講座を持つのか、などの問い合わせがあった。メールで尋ねてくれと言うと、文春記者からいろいろ書いたメールが来た。それで、植村さんが、慰安婦の記事を書いたことを知った。『週刊文春』の記事が出てからは、抗議電話、抗議メールなどが毎日数十本来ている状況になっている」という。

メール類をプリントしたものを見せてくれた。数十枚を綴じたものが、3束あった。抗議電話で入試課の電話がふさがったとも説明した。

「植村さんの身辺調査はしなかった。書いていただいた資料のみで審査したので、驚いている」と話し、「2300人規模の大学。学校前で何らかの(右翼の)行動が危惧される。マイナスイメージが出たら、存亡の危機にかかわる。雇用契約を結んでいるので、破棄するのは難しいが、植村さんに教師として来てもらうのは、難しいんじゃないかと思っている」と結んだ。

このほか「産経新聞に『WiLL』編集長の花田氏が、雑誌ウォッチングという記事を書いているが、その中で、この文春の記事が一番面白いと取り上げており、さらに(情報が)拡散している」とも話した。後で調べたら、これは2月1日付の『産経新聞』の読書欄にある「花田紀凱(かずよし)の週刊誌ウォッチング」のことだった。『週刊文春』の記事を紹介したうえで「日本軍による慰安婦強制連行があったとする一連の記事を書いた植村隆記者が今年3月で朝日を早期退社、神戸松蔭女子学院大学の教授になるのだという。(中略)こんな記者が、女子大でいったいい何を教えることやら」と書いてあった。

神戸松蔭側は「松蔭に来ないで、朝日に戻れないのか」などと子供のような発言を何度か繰り返した。私は、「すでに退職手続きを終えており、退職の人事も出ている。もう後任人事も出ており、戻ることなどできない」と説明した。

私の記事が真実かどうかも確かめようとしない姿勢に強い失望を感じた。大学には自治があり、学問の自由があると思う。まさかこんな対応になると思ってはいなかった。大学側は「70歳まで働ける」などと私に説明していた。「あれはなんだったのか」と叫びたい気持ちでいっぱいになった。

終わったのは午後9時前だった。昼間会った神戸の弁護士の事務所に電話することにした。こんなに遅い時間にいるだろうか――、不安な気持ちのまま、携帯電話の番号を押した。

『週刊文春』の取材のやり方

「週刊文春の記者ですが、植村さんの慰安婦問題の記事について取材させてもらえませんか」

2014年1月26日の日曜日、私の携帯電話にこんな内容の電話が入った。電話の主は男性で、「函館にいる」という。勤務先の朝日新聞社函館支局の電話から転送されてきたようだった。彼の名前は聞き取れなかったが、「朝日新聞の広報部を通してほしい」と告げ、電話を切った。携帯番号が私の着信記録に残った。

翌朝、支局のインターフォンが鳴り、黒っぽいコート姿でめがねをかけた男の姿がモニターに現れた。その記者だった。インターフォン越しに前日と同じ返事をしたが、「このままでは帰れない」と話し、事務所の前に張り込んでいる。そのうちに支局の事務職員が出勤してくる。その際にドアを開けて、この記者ともみ合いになっても困ると思い、札幌の報道センター長に連絡をした。

「とにかく事務所の外に出ろ」という指示をうけ、タクシーを呼んで事務所から離れた。背中の方から、追いかけてくる声が聞こえた。「自分の記事に責任を持ちなさい」などと叫んでいた。

『週刊文春』記者がその27日昼、神戸松蔭へ電話質問していたこと、大学側が即答しなかったため質問状をメールで送ったことを後で知った。その記者は電話でこんな内容の質問をしたという。

「植村隆という朝日新聞記者を4月から貴学に教員として雇用するのは本当ですか」

「植村さんは従軍慰安婦の捏造記事を書いた人です」

送られてきたメールには、私の職位や担当する講座などを質問したうえで、「植村記者を採用された理由をお教えください」とあり、私について以下のように書いていたそうだ。

「植村記者は、いわゆる従軍慰安婦問題について、1991年8月11日付朝日新聞で「元朝

鮮人従軍慰安婦　戦後半世紀重い口開く」との見出しで強請(ママ)連行の事実を証言する元慰安婦が現れたとの趣旨の記事を書き、現在にいたるまで日韓のあいだで大きな紛争となっている、いわゆる従軍慰安婦の問題に先鞭をつけましたが、この記事をめぐっては現在までにさまざまな研究者やメディアによって重大な誤り、あるいは意図的な捏造があり、日本の国際イメージを大きく損なったとの指摘が重ねて提起されています。貴大学は採用にあたってこのような事情を考慮されたのでしょうか。この点につきましても、ぜひご教授(ママ)くださいますようお願い申し上げます。以上、お忙しいところ誠に恐縮ですが、明日28日(火)の正午までにご回答賜りますよう重ねてお願い申し上げます」

丁寧な言葉遣いだが、悪意ある質問である。

『週刊文春』2月6日号には私が逃げるシーンが描かれ、「『ライフワークである日韓関係や慰安婦問題に取り組みたい』と言っているようです」という「朝日新聞関係者」のコメントまであった。こんなことは一言も言っていない。しかし、この記事で「慰安婦問題を大学で教える、逃げる記者」というイメージが作られた。

私の人生が大きく狂うことになった。この記事がネットに拡散し、神戸松蔭への攻撃が始まったのだ。

当時のネットのブログを調べると、こうした文章がすでに1月30日に出ていた。

「朝日新聞・植村隆氏を国会喚問せよ！　大学で、捏造慰安婦を教えるかも【超拡散】」。『週刊文春』の情報をもとに私が松蔭に就職することを伝え、松蔭の電話番号、ファックス番号などを書き込んでいた。

それを受けて、当日から翌日にかけて書き込まれたコメントには、こんな話が出ている。

「早速維新へメール致しました」。維新というのは、政党名だろうか。

「本日、神戸松蔭女子学院大学の方に電凸してみました。結果として今年4月からの植村隆の教授就任は事実だそうです。ネットでは今も全く騒ぎになっていません。なんとか問題提起したいのですが……」。電凸とは「電話突撃」を略したネット用語で、抗議の電話をかけて、相手の反応や時にはその録音をネットに掲載する行為のことだ。

「週刊文春、読みました。いま、私立大学はとても評判を気にします。問い合わせをすれば、必ず返事を頂けるはず。メールしてみます。皆さんの声が大きければ、採用取り消し、ということになるかも……楽観的すぎるかな?」

「声が多くなればひょっとしたら採用取り消しもあり得るかもと思います」

最初のころは、半信半疑だったネットの書き込みだが、その後は勢いづいてくる。

2月2日に書かれた別のブログでは、「絶対無理!　植村隆が神戸松蔭女子学院大学の教授だって!　おそらく一回も登校できずに行方不明になる」という見出しが立てられていた。本文では「植村隆の「犯罪」によって、どれだけ多くの国費が使われ、どれだけ多くの日本国民への侮辱を招いたか!」「まあ、明日から、神戸松蔭女子学院大学の電話が鳴り続けることだけは間違いありません」「学生だって、こんな売国奴に来られたら困るでしょう」などと書き、神戸松蔭の電話番号や、問い合わせメール書き込み用のアドレスを載せていた。

これに刺激されたのか、コメント欄には「メールした」という書き込み、「電凸だ！」と叫ぶ書き込みも見られる。

こうして「植村を辞めさせせろ」という書き込みがネットで広がった。また、別のブログのコメントを見ると、「電凸しましたが、大学は植村隆をかばう気満々でした」という2月2日現在の記述も見られる。大学は電話攻撃に苦悩していたのかもしれない。

一方、2月3日、インターネットテレビ「チャンネル桜」に女性ジャーナリストの大高未貴氏が登場し、「逃げるな！　朝日新聞・植村隆記者よ」という番組を流し始めた。

大高氏は私のことを「元祖従軍慰安婦捏造記者」と紹介し、神戸の大学へ転職することを伝えた。しかも、『週刊文春』の記者と一緒に1月27日、朝日新聞社函館支局の前に来ていたというのである。「チャンネル桜」のサイトには、私に対する非難の書き込みが増えていった。週刊誌記事とネットで、私への個人攻撃が始まっていた。

2月5日の神戸ポートピアホテルでの面談で、大学当局者から、事実上、大学に来るのを辞退してほしいという内容の「相談」を受けたのはそのような時期である。『週刊文春』の記事が出て1週間ほどの間に、私の就任取り消しなどを要求するメールが250本も送られてきたというのだ。

こんなファックスもあったという。

「週刊文春の記事で朝日新聞の植松隆(ママ)が貴大学の教授に就任することを知ってがっかりしております。(中略)一受験生の母としても非常に残念です。この一件が解決しない限り、貴大学への娘の受験は決してありません」(1月31日午後3時18分FAX受信)

「何故植村隆の様な国賊を教授等としてむかえるのでしょうか」(2月4日午後6時35分FAX受信)

「街宣活動をする」という脅しの電話もあったという。

当時の状況について、月刊誌『創』(2014年12月号)に北海道新聞社の徃住(とこすみ)嘉文編集委員が「植村隆元朝日記者への脅迫事件の一部始終」という記事を書いている。それによると、神戸松蔭の執行部は私に面談した翌日の2月6日の教授会で、こう報告している。

「『週刊文春』の報道で、大学に脅迫が来ている。過激な団体から攻撃を受け、学生が巻き込まれるような事態は避けたい。理事会は、植村氏の就任は難しいと判断した」

大学側も追い詰められていた。

2月中旬、函館支局に私宛の手紙が送られてきた。差出人は「群馬県前橋市」「池田韓国」、2月10日付の高崎の消印があった。

封を切ると、A3サイズの手紙1枚が入っていた。ネットでさらされている私の写真をコピーし、吹き出しに「「慰安婦が女子挺身隊として強制連行された」とデマ報道を垂れながしたのは私ですが、それが何か？」とある。

その写真の上には、手書きで、こう書いてあった。

「神戸松蔭女子大学（ママ）教援（ママ）　就任よかったですね！　ところで慰安婦学でも創設するのですか？　現在さぞかし　ご満悦な心境でしょう　あなたのデマの御影（ママ）で全国民が心理的被害にあってますからね」

激しいバッシングの日々が続き、心はどんよりと曇って、灰色になった。

私は、神戸の弁護士を代理人として大学と交渉した。しかし、大学側の姿勢は変わらなかった。公募で選ばれた私には、大学内に知人が一人もいない。相談する仲間が大学内には、いなかった。「捏造記者」呼ばわりした週刊誌が問題なのであり、腹立たしかったが、「大学もまた被害者だ」と思った。同大への転職をあきらめることを決意した。私の代理人は、私の憤りを相手方の代理人にこういう言葉で伝えた。

「大学という学問の府が、本人への十分な事実確認もなく、大学運営を理由に新学期の着任を拒絶されたことに何より失望し、憤りを感じている」

3月に入っても執拗に『週刊文春』は取材を続けていた。神戸松蔭側の代理人からの情報によれば、3月3日に、『週刊文春』から電話があり、私の着任について「白紙になったのか」と聞いてきた。すでに、辞退の話が進行していたからか、事務局長は「着任しない」「授業は持たれない」と答えたという。

神戸松蔭は電話での抗議に対しても、「教授就任消滅」の説明をしていたようだ。3月4日、あるツイッターにこう書かれていた。

「朗報【売国奴・植村隆失職ｗｗｗ】いわゆる従軍慰安婦詐欺の主犯・植村隆について神戸松蔭女子学院大学に問合せた結果、教授就任の話は消滅し講師に招く予定もないとのこと。このままアカ日新聞で売国活動を続けるのか、朝鮮に亡命してトンスル女子大学の教授に就任するかなどについては不明」

別のブログでは、3月6日に「【吉報】慰安婦詐欺の植村隆、教授就任の件が消滅したらしいぞ!!!　神戸松蔭女子学院大学さんの英断に拍手!!!」という見出しが躍り、

「私も以前、凸電しましたので、とても嬉しいです」

「絶対に逃がすな!!!　地獄のはてまで追い詰めるんだ!!!」

「朝日新聞の反日記者は、老後の生活設計を見直さなければならなくなった」……

神戸松蔭の判断を支持する声や、さまざまな罵詈雑言が飛び交っていた。

3月7日に神戸松蔭側と合意書を締結し契約が正式に解除された。神戸松蔭は同月17日、ホームページに告示を出した。

「植村隆氏との雇用契約は、2014年3月7日付で解消されました。植村隆氏が、本学に着任することはありません」

大学教員への夢

私が最初に大学教員を目指そうと思ったのは、２００６年４月から同年10月にかけて、「もう一つのコリア」で大学の客員研究員をしていたころだった。「もう一つのコリア」とは、私が勝手につけた呼び名で、中国にある延辺朝鮮族自治州のことである。同自治州は、中国東北部の吉林省の東端で、北朝鮮との国境地帯にある。人口は約２２０万人で、朝鮮族が４割近くを占めている。公用語は中国語と共に朝鮮語が使われている。韓国と北朝鮮をコリアと呼ぶなら、さしずめ、この延辺朝鮮族自治州は、もう一つのコリアなのだ。

私は、朝日新聞社のシニア留学で、同地に住んでいた。シニア留学とは、ベテラン記者の専門性を高めるために、半年間、海外などに派遣する制度だ。

私は、この自治州の中心都市・延吉にある延辺科学技術大学に客員研究員として所属し、北朝鮮国境を旅行したり、朝鮮族の生活文化などを観察したりしていた。この大学は、米国籍の金鎮慶（キム・ジンギョン）総長が中心となって１９９２年に設立した大学だ。韓国で生まれ、米国で実業家として成功した金鎮慶さんは、同胞が多数住む同地に大学をつくり、地元の若者の教育向上に協力しようと考えたのだ。

私が金総長と知りあったのは、２００３年４月から２年間の北京特派員時代である。「私の大学に研究員で来ないか。勉強しなさい」と言われた。その後、会社のシニア留学制度があることを知り、所属する外報部の部長に「延吉へ行きたい」と申告していたら、それが実現したのだった。

この半年間は、自分の人生を振り返り、将来を考えるうえで、貴重な時期だった。金総長の生き方にも共感した。私も金総長のように、次の世代の教育に何らかの形で協力したいと考えるようになっていた。決して朝日新聞社が嫌になったわけではない。若い日にソウルへの語学留学をさせてもらい、テヘラン、ソウル、北京と3カ所も特派員をさせてもらった。そして、50歳近くなって、また海外にシニア留学させてもらった。朝日新聞社には育ててもらったという感謝が非常に強い。私にとって、朝日新聞社というのは、何か巨大な「大学院」のような存在でもあった。

その延辺科学技術大学の客員研究員のころに、日本のある国立大学で、韓国語教育とジャーナリズム研究を担当する准教授を公募していることを知った。大学教員の公募情報などを紹介するホームページがあり、そこの情報をチェックすると、どこで、どんな大学がどんな公募をしているかがわかるようになっている。それをチェックしていて、公募に気づいたのだ。

私には、『マンガ韓国現代史　コバウおじさんの50年』（角川ソフィア文庫）という著書がある。「そうだ。この文庫本を教科書に韓国語を教えよう」と思いついた。朝鮮族自治州の延吉の郵便局から、期待を込めて国際郵便で応募書類を送ったことをいまも覚えている。応募の締め切りの日に、本当についたかどうか不安になり、現地調査中の中朝国境地帯から、携帯電話で大学に確認の国際電話をかけたこともある。

残念ながら、書類審査で落とされたが、いい経験になった。教員公募の応募資料は、いったん作ってしまえば、他の大学に応募するときにも使えるということを知った。それで、せっせと応募し続けることにした。

実はもう一つ、「使える」資料があった。それは、社内で公募している編集委員の応募資料のうちの「記者としての活動歴」である。朝日新聞社には、専門記者として編集委員というポストがある。管理職ではなく、自分の専門を磨き、それに関する署名記事などを書くのが仕事だ。会社員としての出世よりも、生涯一記者でいたいと強く願っていた私は朝鮮半島問題専門の編集委員への応募を繰り返していた。しかし、なかなか選ばれなかった。ただ、毎年、応募のために「記者としての活動歴」だけは、バージョンアップしていた。この「記者としての活動歴」は大学教員の公募のときの資料としても、使えたのだ。

もう一つ、大学で研究したいという思いを強くした朝日での仕事がある。長期連載「新聞と戦争」取材班に1年ほど専従記者として、加わったことだ。このシリーズは2007年4月から1年間、夕刊(一部地域は朝刊)に掲載された。『朝日新聞』がどう戦争を報じ、どう戦争にかかわったかを、当時の関係者などへの取材や社内資料などの分析を基に書いた。いわば「朝日新聞の戦争責任」を問う連載だった。

当時、取材チームの人選にあたっていた取材班キャップの藤森研さん（現・専修大学教授）とあるセミナーで隣り合わせになったことが、きっかけだった。連載の趣旨を説明する先輩記者の藤森さんに対し、私は、「日本が朝鮮半島を植民地にしたことが、アジア侵略の始まりであり、それに朝日新聞がどうかかわったかを検証する必要があると思う」と注文をつけた。すると、藤森さんは「じゃ君がやってよ」と言った。

外岡秀俊ゼネラルエディター（現在はジャーナリスト、小説家）直々の連載企画で、国際ニュース担当の私が日常業務を外れて、取材班に参加するという異例の形になった。この連載は２００８年６月に『新聞と戦争』（朝日新聞出版）として出版された。「新聞労連ジャーナリズム大賞」「日本ジャーナリスト会議（ＪＣＪ）大賞」「石橋湛山記念早稲田ジャーナリズム大賞」を受賞した。

この連載では、私は４つのシリーズを担当した。第2章「植民地朝鮮で」、第9章「満州開拓」、第18章「緒方竹虎の道」、第20章「ナチス・ドイツで」。この他にもインタビューや共同取材にも参加し、計32本の連載記事を書いた。この中でも、植民地朝鮮で『朝日新聞』がどのような活動を行ったかを調べた「植民地朝鮮で」では、改めて『朝日新聞』の責任を痛感した。たとえば、『大阪朝日新聞』は、「韓国併合ニ関スル条約」調印直後の１９１０年8月26日、こんな社説を載せている。

「韓人の日本人となることは韓人の為に幸福なるべし、蓋し韓国に於ける日本の行動は文明を意味し……」

『朝日新聞』もまた、植民地支配を美化し、「支配者」側に立って記事を書いていたのだった。植民地朝鮮での『朝日新聞』の活動については、戦後、このような形で記事化されたことはなかったようだ。私は、さらに研究を深めたいと思い、2010年に母校・早稲田大学の大学院アジア太平洋研究科の博士後期課程に社会人入学をした。大学教員になって、論文を完成させたいと思った。それもまた、転職を志した理由である。

私のコンピュータに2013年9月に神戸松蔭へ送った「抱負」の原稿が残っている。いわば、神戸松蔭へのラブコールともいえるものだ。自己紹介を兼ねて、ここに再掲載したい。

＊＊＊

【神戸松蔭女子学院大学文学部総合文芸学科で行おうとする教育に関する抱負】

▽2013年9月15日　植村　隆

徹夜で書き上げた原稿と「割り付け」用紙、それに日本酒の一升瓶を持って、東京の下町の印刷所に通った日々をいまも思い出す。1970年代末から80年代初めにかけて、早稲田大学に在学した私は、仲間と「早稲田ジャーナル」という名の学生新聞を作っていた。セクト色の強い大学新聞とは違う自由な新聞を作りたいと考えて創刊した。広告集め、取材、原稿書き、割り付けなどをすべて自分たちで行っていた。格安で印刷をしてもらっていたので、印刷所のおじさんたちへの差し入れに一升瓶も必要だったのだ。自分たちの書いた文章が活字に組まれ、新聞になっていく。その不安と喜びに魅せられた。

朝日新聞に入社し、駆け出しの仙台支局時代には死刑囚再審裁判の取材をした。大阪社会部時代は在日韓国・朝鮮人問題を担当し、差別と向き合う在日たちの姿を「隣人(イウ・サラム)」という長期連載で描いた。イランの特派員時代には、国家を持たない中東最大の民族クルド人問題を大きなテーマにした。報道の自由のないイランにおけるマスメディアの問題も集中的に取材した。ソウル特派員の時には、独裁政権によって何度も命を狙われた野党政治家の金大中氏が大統領に当選するという歴史的なドラマを追いかけた。北京特派員時代には北朝鮮担当特派員として、核問題などを取材した。日本に戻ってからは、朝日新聞の戦争責任を追及する「新聞と戦争」取材チームで1年間取材を続けた。北海道では、坂本龍馬一族の取材を続けている。息長く、深く掘り下げて取材するのが得意である。

「新聞と戦争」の取材がきっかけで、植民地朝鮮における朝日新聞の報道をテーマに博士論文を書くことを決意し、早稲田大学大学院博士後期課程に社会人入学した。2015年2月までに論文を書き上げ、同年9月に博士後期課程を修了する予定を立てている。

これまでの体験を通じ、ジャーナリストは歴史から学び、平和や平等な社会、人権を大切にする社会を目指すべきだという強い思いを抱いている。また、韓国や中国などの隣国の人々と日本人の相互理解が進むことを願っている。こうした思いを若い世代に伝え、共に学びたいと思っている。それが大学の専任教員を志望する最大の理由だ。

神戸松蔭の大学案内の総合文芸学科のページに「自力で新聞づくり「マスコミ文章編集」」とある。これを読んで、新聞づくりに熱中した学生時代を改めて思い出した。これは、すばらしい講義だと思う。記者を目指す人はもちろん、企業や役所で働こうとする人にも役に立つし、ジャーナリズムを勉強しようとする人にとっても、新聞を実作することで、ジャーナリズムへの理解が深まる。教員になれれば、この講義をさらに発展させていきたい。

私は様々な講義のアイデアを持っている。まず、北星学園大学でも実践してきた「新聞活用」を実施したい。学生に新聞を読ませて、関心のある記事の切り抜きをしてもらい、それについての意見を発表するというやり方だ。これを積み重ねることで、確実に社会に対する興味や知識が広がっていくし、コミュニケーション能力も高まる。将来の進路を考える上でも大きな役に立つだろう。さらに、社説やコラム(朝日なら、「天声人語」)を書き写すという作業も同時に勧めたい。こうした「新聞活用」の基礎力を涵養した上で、学生たちが「マスコミ文章編集」を受講すれば、さらにいい手作り新聞ができると思う。

私は韓国語が得意で、韓国の有名な新聞マンガ『コバウおじさん』を紹介・解説した文庫本を出版した。このテキストを使って、隣国のことを学ぶという講義を行うこともできる。私は米国の映画『カサブランカ』が大好きだ。ナチズム批判を込めたこの恋愛映画を繰り返し鑑賞しているが、見る度に新しい発見がある。いま500円でこの名画のＤＶＤが買える。この映画を教材にして、現代史や映画の技法、英語などを学ぶ授業ができないだろうか。また、私が取材し続けている坂本龍馬のおいの坂本直寛という人物も興味深い。キリスト教徒で自由民権運動家だったが、天皇主権の明治憲法体制に絶望し、一族を引き連れて北海道へ渡り、キリスト教伝道に尽くした。一族からは、日米戦争に反対した坂本直道、原野で絵を描き続けた山岳画家の坂本直行ら反骨の人士が輩出されている。この一族の話を題材にして、日本の近現代史やキリスト教伝道の歴史を教えることができる。

大学で必要とされる基本的な学習に加えて、このような「おもしろくて、ためになる」材料も使い、学生たちの知識を深めてあげたい。私はチームを組んで取材するのも好きで、中心的な役割を担うことも多い。若い記者から「元気のでるキャップ」とよく言われた。ストレスに強く、明るくて、前向きな姿勢が私の持ち味だ。神戸松蔭では「元気のでる」教員になることを目指し、学生たちを励ましていきたい。

＊　＊　＊

この文章に込めた思いと私の夢が消えた。

私は、自分を奮い立たせるために、当時のメモにこう書き込んだ。

「【これは植村個人でなく朝日新聞の慰安婦報道への攻撃】

植村は慰安婦報道の初期にソウル発などで署名記事を書いた。妻が韓国人で、遺族団体幹部の義理の息子になる。これは事実である。しかし、このために、韓国の遺族団体に有利になるように捏造記事を書いたことはない。だが、それ以降、慰安婦問題が日韓問題、国際問題になるなかで、「植村の記事でこんなになった」との個人攻撃が絶えない。植村の記事を見てもらえればわかるが、問題にされている慰安婦の女性(金学順さん)については、最初から「だまされた」と書いており、強制連行などとは書いていない。しかし、西岡氏は「だまされた」という部分には全く触れず、「植村が強制連行を捏造した」と主張している。この植村への個人攻撃は、朝日の慰安婦報道への攻撃でもある。植村は今後、社を離れ、個人として、法的に西岡氏らと闘っていくことを決意した。朝日新聞としても、この闘いを支援してもらいたいと思う」

朝日新聞社とのやりとり

私の運命を変えた『週刊文春』2月6日号の記事には、看過できない点が多い。

まず、「〈本人は「ライフワークである日韓関係や慰安婦問題に取り組みたい」と言っているようです〉(朝日新聞関係者)」という箇所である。私が「慰安婦問題に取り組みたい」などとは言うはずがない。私は1991年に慰安婦問題の記事を書いたことで、月刊『文藝春秋』の

92年4月号でバッシングされた。妻の母が「太平洋戦争犠牲者遺族会」のメンバーであることも批判された。私の記事に問題はないと確信していたが、慰安婦問題を書き続ければ必ず家族関係で攻撃されるというストレスがあり、距離を置いていた。だから、このコメントの内容は「作り話」だと断定できる。

「ようです」という「伝聞」で責任を逃れようとしているのかもしれない。それにしても、こういうことを話す朝日新聞関係者が本当にいるだろうか。しかし、この記述によって、「慰安婦問題を大学で教えようとする捏造記者」というイメージが作られ、それが、ネットなどに影響を与えた。

あるインターネットの1月30日付ブログには、こう書かれている。

「大学には公募で決まり、本人は「ライフワークである日韓関係や、慰安婦問題に取り組みたい」と語った(週刊文春より)。学生に何を教えこむつもりでしょうか⁉」

実際、神戸松蔭には2月1日にこんな内容の抗議メールが送られてきている。

「4月から御校に朝日新聞の植村記者が教授として就任すると知りました。「ライフワークである日韓関係や慰安婦問題に取り組みたい」と言ってるそうですが、植村氏が署名入りで報道した所謂「慰安婦」問題は捏造であることが、今は知れ渡っています。このような人物が、一体なにを学生に教えるのでしょうか？　神戸松蔭女子学院大学が慰安婦捏造問題に加担するに等しい採用に、抗議いたします」

『週刊文春』の記事では、冒頭10行にわたって私が「逃げた」というシーンが書かれている。この日、私は「取材は広報を通じて」と前日に続いて、再度断った。そして、北海道支社報道センター長の指示で、支局外に出ることにして、タクシーを呼んで、事務所の外に出た。決して、記事にあるように「逃げた」わけではない。直接取材を拒否しただけだ。

私も新聞記者だったので、電話で取材申し込みして拒否され、直接、待ち伏せしたこともある。しかし、事前に電話で「直接の取材を受けない。広報に」と言われたのにアポなし取材をして拒否されても、それを「逃げた」とは書かない。

さらにおかしいと思うのは、広報部が取材に応じたはずなのに私の記事に関する朝日新聞社の説明が全く出ていないことだ。

『週刊文春』は3月13日号でも朝日新聞バッシングを続け、私のことも批判していた。しかし、2月6日号とは違って、その後に、朝日新聞社の説明が16行にもわたって掲載されているのだ。しかし、この3月13日号が出たときには、すでに私の神戸松蔭女子学院大学への就職は無理になっていた。2月6日号にあるべきだったと思う。あまりにもアンフェアな報道ではないか。

この『週刊文春』2月6日号で私の運命は大きくゆがんだ。しかし、肝心の朝日新聞社側の動きは鈍かった。

「自分の会社の記者が、「捏造記者」とされ、転職も難しくなっているのに、なぜだろうか」と疑問に思った。『週刊文春』の記者の取材の動きは逐一、上司にあたる北海道支社報道センター長に伝えていた。「捏造」と名指しされるというのは、新聞記者にとって、死刑判決を下されたにも等しい。それは悪意あるでっちあげを指すのだから、「捏造」はまさに記者にとっては、犯罪的行為だ。「捏造」と言われたら、その記者を呼び出して事情聴取するのが普通ではないか。そう考えて、私の方から、広報担当者らに事情を説明したい、と訴えた。

出張の形で上京するのが許され、2月17日に朝日新聞東京本社で数人の関係者と面談した。資料を使って、『週刊文春』の誹謗中傷記事の問題点などについて説明を行い、神戸松蔭との交渉についても報告した。

一部のメディアの攻撃はとまらないかもしれない。「このままでは、ほかのメディアも追随するかもしれない」。不安が頭をよぎった。3月4日、朝日新聞社の担当者に「検証」の実施を求めるメールを出した。

「紙面で植村記者の記事の検証というのをしてもらうわけにはいかないでしょうか。これからも、同じ質問が相次ぐと思います。もちろん、検証記事というのは、「誤り」「重大な過失」などがあった場合にするもので、朝日的には、私の記事は検証の対象にならないかもしれませんが、しかし、いま検証することも意味はあるのではないでしょうか。きちんと検証していただければ、私の記事が「捏造」でないことがわかりますし、これ以上の個人攻撃を避けられます。私の転職先の大学にヘイトスピーチが相次いでいる上、ネットでは私を「死刑」とか「〇〇されても当然」「国会喚問まで自殺させるな」などの言葉と顔写真が流されています。これは大きな人権侵害だと思います。一種の事件としてとらえた上で、朝日に検証記事を書いてもらえれば、私としても、非常に助かります。ぜひ、「検証記事」の検討をお願いします。ちょうど、GM(ゼネラルマネージャー)もGE(ゼネラルエディター)も慰安婦問題取材の体験者で、いずれもソウル特派員経験者です。好機だと思いますし、「深い取材・説得力のある検証」は最大の防御になると思います。いま、朝日新聞の危機だと思います」

この「検証」は、このメールの約5か月後の8月に実現することになる。しかし、そのことによって、さらなる苦境に立たされることは、全く予想していなかった。

第2章

「捏造」と呼ばれた記事

「録音テープ」から始まった記事

それは1本の録音テープから始まった。1991年8月10日、ソウルにある「韓国挺身隊問題対策協議会」(挺対協)の事務所。挺対協共同代表の尹貞玉さんら2人のメンバーが、ある元朝鮮人慰安婦の証言を録音したテープを再生し、私に聞かせてくれた。そして彼女たちが聞き取った主な調査の内容を説明してくれた。

録音機の中の女性の声は、

「何とか忘れて過ごしたいが忘れられない。あの時のことを考えると腹が立って涙が止まらない」

「思い出すと今でも身の毛がよだつ」などと淡々と過去を振り返っていた。

尹貞玉さんらの説明によると、この女性は、中国東北部で生まれ、17歳の時、だまされて慰安婦にされたという。200から300人の部隊がいる中国南部の慰安所に連れていかれた。5人の朝鮮人女性がおり、1人に一室が与えられた。女性は「春子」(仮名)と日本名を付けられた。一番年上の女性が日本語を話し、将校の相手をしていた。残りの4人が一般の兵士を受け持ち、毎日三、四人の相手をさせられたという。

「監禁されて、逃げ出したいという思いしかなかった。相手が来ないように思いつづけた」週に1回は軍医の検診があった。数カ月働かされたが、逃げることができ、戦後になってソウルへ戻った。結婚したが夫や子供も亡くなり、現在は生活保護を受けながら、暮らしているという。

約30分のテープでは静かに語っていた。しかし、挺対協のメンバーによると、話をする前に泣いていた、という。私は驚き、そして震えた。やっとハルモニ（韓国語でおばあさん）たちが、重い口を開き始めたのだ。

あのテープを聞いた日のことはいまでも忘れられない。日中戦争や第二次大戦の際に、戦場で日本軍将兵の性の相手をさせられた慰安婦。その中には多数の朝鮮人女性もいたが、戦後、韓国でその体験を話す人はいなかった。それだけに、この女性が挺対協に過去を話し始めたということは、非常に大きなニュースだった。尹さんは長年、慰安婦問題を調査していたが、やっとソウルでその体験者を見つけたのだ。

韓国では当時、慰安婦問題に関する関心が非常に高まり、女性団体が調査を始めていた。その中心人物が、このテープを聞かせてくれた尹貞玉さんだった。尹さんは1925年生まれ、韓国の私立の名門女子大、梨花女子大学校の教授を務め、英文学を研究してきた。ちょうどそのころ、定年になったばかりだった。尹さんは1980年から慰安婦の調査を始めたといい、1990年1月には、韓国の新聞『ハンギョレ』に「挺身隊「怨念の足跡」取材記」を4回にわたって連載した。

韓国では当時、慰安婦のことを挺身隊と言っていた。この記事は、挺身隊の跡をたどって、北海道、沖縄、タイ、パプアニューギニアなどを踏破した取材記録で、韓国で大きな反響を呼んだ。

朝日新聞社の松井やより編集委員が、1988年8月18日付の「ひと」欄で、尹さんを紹介している。それによると、1943年、尹さんが梨花女子大（梨花女子専門学校）1年生のとき、学生全員が地下室で青い紙に指紋を押させられた。

「〈「女子挺身隊（ていしんたい）」にでも引っぱられるのでは、と心配した両親は翌日、私を退学させました〉。戦後に復学・卒業したが、同世代の慰安婦たちの運命をずっと考え続けた。〈自分だけが逃れたような気がして……〉」

とある。私も1990年夏、同じような話を梨花女子大の尹先生の研究室で聞いたことがあった。

尹さんは事務所で会う前日、梨花女子大近くにある自宅で、こう話していた。

「その女性はつい最近、友人に伴われて協議会の事務所に来ました。「日本政府が挺身隊があったことを認めないことに腹が立ってたまらない」と名乗り出たのです。おそらく現在、韓国で自分が慰安婦だったということを証言しているのは彼女だけでしょう」

テープを聞き終わった私に尹先生は言った。

「これからも聞き書きを続けていきます」

韓国で、慰安婦の証言がようやく歴史に刻まれる時代になったことを告げていた。

当時、大阪社会部員だった私は、このテープを聞くためだけに韓国へ出張した。出張前、大阪から尹貞玉さんに取材を申し込んだときに、証言者はマスコミの取材を受けることを拒否しており、名前も教えられない、しかし、テープを聞かせることはできると言われた。インタビューではない、質問もできない。それでも私は重要なニュースだと思った。確かな情報源のためテープでも問題ないと判断した。

前年、慰安婦の取材をするために2週間かけて韓国のあちこちを取材した。全力を尽くしたが、見つけられなかった。1年たって、被害者が声を上げ始めたのだ。

取材は終わった。急いで、ソウル支局へ行き、原稿を書き始めた。

記事は「思い出すと今も涙　元朝鮮人従軍慰安婦　戦後半世紀重い口開く　韓国の団体聞き取り」という見出しがつき、翌日の『朝日新聞』大阪本社版社会面トップになった。

私はソウル支局長に、大いに感謝した。そもそも、この情報を教えてくれたのが、ソウル支局長だったからだ。尹さんが、元慰安婦の聞き取り調査をしていることを電話で教えてくれ、取材しないかと誘ってくれたのだ。

「ソウルにいる元朝鮮人従軍慰安婦が語りはじめたらしい。植村君、取材に来たらどうかね」

ソウル支局長に用事があって電話したところ、私が探し求めていた情報を教えてもらったと、いうことである。

このことは、大阪で発行されていた朝鮮半島問題などを扱う雑誌『ＭＩＬＥ』(ミレ=朝鮮語で「未来」の意味。１９９１年11月号)に書いた。

当時のソウル支局長に改めて確認してみた。

「植村君が前の年も、慰安婦のことを取材して、見つけられなかった。だから、この問題をずっと追いかけている植村君に教えてやろうと思った。当時、ソウル支局は特派員２人体制だったが、南北朝鮮の国連同時加盟問題など冷戦後の朝鮮半島問題で非常に忙しかった。植村君は、よくソウルに出張に来ていたので、常時、連絡を取り合っていた。準ソウル支局員的な存在だと思っていた。その植村君からタイミングよく電話が来たので声をかけた。当時、尹さんから聞いた情報は、当時の私のメモ帳に記録が残っている」

支局長のメモ帳には「(挺対協)事務所に録音テープ」とあり、挺対協が聞き取りをしていた元慰安婦(金学順さん)の経歴と一致するデータが記されていたとのことだ。

私の記事は大阪では社会面トップになったが、その日の東京本社版の紙面には載らなかった。

東京の紙面には翌日、掲載された。「慰安婦の痛み、切々と　韓国で聞き取り」というシンプルな見出しで、4段の囲み風の記事だった。字数も大阪本社版の半分近くで、まったく体験談のみになっていた。

「「女子挺身隊」の名で」「だまされて慰安婦にされた」という部分も削られていた。

それでも、私は大切な一歩を踏み出したと考え、12日に大阪に戻った。まさか、この元慰安婦がその2日後の8月14日に名乗り出て、記者会見するなどとは全く予想しなかった。

1990年夏、空振りが続いた元慰安婦取材

当時のソウル支局長の話にあったように、前年の1990年から、私は体験を語ってくれる元朝鮮人慰安婦を韓国内で探していた。大阪本社の夏の平和企画で、取り上げたいと思ったのだ。

90年の6月、参議院予算委員会で本岡昭次議員(社会党)が戦時中の朝鮮人強制連行について質問をした。その際に、慰安婦問題についても聞き、日本政府に実態調査を求めた。当時の労働省職業安定局長は「民間の業者が軍とともに連れ歩いている」と答弁していた。これに対し、韓国内で反発が高まっていた。

韓国では、長らく軍事独裁政権が続いたが、ソウル五輪(1988年)を前に民主化運動が高

まり、1987年6月に当時の軍事政権を支える与党代表委員の盧泰愚(ノ・テウ)氏(のち大統領)がいわゆる民主化宣言を発表した。女性たちの権利獲得運動も盛んになり、日本の植民地時代にあった朝鮮人慰安婦問題が人権問題の大きなテーマの一つとなっていたのだ。

国際ニュースを扱う東京本社外報部所属だった私は1987年夏から1年間、朝日新聞社の語学留学生として、ソウルの延世大学校韓国語学堂で学んだ。そして1989年11月に大阪社会部の勤務になっていた。韓国語ができることなどから、大阪社会部では在日韓国・朝鮮人問題を担当する「民族担当」だった。在日韓国・朝鮮人が大勢住んでいる大阪市生野区にアパートを借りて、住んだ。在日の人権問題などをテーマにした連載「イウ・サラム(隣人)」に取り組んだり、在日韓国人政治犯問題などを担当したりした。こうした取材のため、しばしば、ソウルに出張していた。

1990年夏。「慰安婦のハルモニに話は聞けないだろうか」と友人の韓国人の女性ジャーナリストに聞いてみた。彼女は「自分が以前取材した女性がいる」と話してくれた。その女性に会えれば、取材ができる――。そう思って、出張の準備を始めた。

前述の雑誌『MILE』(1991年11月号)に1990年の夏の記録がある。

「行けば会えるだろうという軽い気持ちで訪韓した。ところが、その女性は既に死亡していた。まったく、手がかりがなくなってしまった。それからは、当時、梨花女子大教授だった尹貞玉さんをはじめ、いろいろな団体の情報をもとに、各地を回った。

ある作家の紹介で、京畿道のある村で、「満州ハルモニ」と呼ばれる女性に会った。たまに気分のいいときには、満州に住んでいたころの話をするという。故郷とは違うところに一人。貧しく、生活保護を受けながら生活している。作家は「たぶん挺身隊だったと思う」と話していた。しかし、日本から来たといって僕が韓国語で聞きはじめると、「過去のことは忘れた。満州などには行ったこともない」と言うだけで、なにも答えてくれなかった。

釜山にいる女性が「自分の知り合いに慰安婦がいる」と話している、という情報を得た。尹先生の教え子の梨花女子大生に同行を頼んで一緒に現地へ行った。しかし、「知らない」という答えしか、返ってこなかった。（中略）「元慰安婦たちは絶対にしゃべらない。それは死ぬことよりつらいことなのだから」と言われたこともあった。異国に取り残されたものたちは、祖国と絶たれているが故に、身の上を話すことが出来るが、韓国に住む女性はしゃべらないというのだ。ジャーナリストの友人たちに聞いても手掛かりが無いという答えが返ってきた。

結局、「幻の取材」となった」

いわゆる空振りの取材だった。それは、そうだと思う。その時、私は32歳。おばあさんたちから見ると、いくら韓国語が話せても、植民地朝鮮を収奪した日本の若造だ。もし、かりに慰安婦にされた体験があっても、そんなつらい話を日本人にするはずがない。

当時の担当デスクは、その後、東京本社の論説委員となった。92年9月2日の夕刊コラム

「窓・論説委員室から」に「元慰安婦から」と題して、この取材のことをこう記録している。

「当時、元慰安婦の「語り部」は、朝鮮半島出身者が沖縄とタイに1人ずついるだけだった。みんな、沈黙し続けていた。（中略）1990年5月、盧泰愚大統領の訪日を機に、韓国で「慰安婦」について日本に戦後補償を求める動きが広がった。だが、新たな証言者はなかなか現れなかった。記者を2週間も韓国に派遣して探したが、見つけ出せなかった。がっかりして帰ってきた記者は、大阪で焼き肉屋をやっているおばさんが「挺身隊」にいたらしい、というわずかな情報を頼りに、ようやく店を尋ね当て、通い続けた。でも、「たとえそうだったとしても、話すわけがないよ。無駄なお金を使いなさんな」と言われてしまった」

この「空振り取材」となった2週間に、「太平洋戦争犠牲者遺族会」（遺族会）で働いている女性と知り合った。慰安婦情報を求めて、遺族会の事務所に出入りするうちに、お互いひかれあうようになった。

遺族会とは日本の植民地時代に戦争に巻き込まれた軍人・軍属らとその遺族たちがつくった団体だ。実は、この女性は遺族会の女性理事（当時）だった梁順任（ヤン・スニム）の娘だった。韓国では子供は父親の姓を使う。母親の方は、結婚しても姓が変わらないので、親子で姓が違っていた。このため、付き合い始めた当時は梁の娘だということは、知らなかった。しかし、わかった後もそんなことは気にもしなかった。

母親の梁順任は結婚に反対した。遺族会は当時、日本に対し、第1次の補償請求訴訟を起こしていた。日本政府と闘っているのに、自分の娘が日本人と結婚するのには強い抵抗感があったのだ。しかし、娘も私も、「人」として出会ったので「国籍」などは関係なかった。

娘は自分の意志を貫きとおした。ボストンバッグを一つ提げて、大阪にやってきた。91年2月に私のアパートのあった大阪市生野区の区役所に婚姻届けを出した。

金学順さんが名乗り出た

前年に元慰安婦の証言を得られなかった私は、録音テープとはいえ、元慰安婦が語り始めたことを取材し、慰安婦問題が進展していることを重く受け止めていた。直接インタビューできなかったが、「記者には会わないと言っているのだから、仕方がない」と思っていた。

ところが、この元慰安婦の女性が8月14日に実名を出して、記者会見を行ったということを大阪で知った。ソウル支局からの連絡だったと思う。名前は金学順さんといい、67歳でソウル市鍾路区に住んでいるという。

15日の韓国各紙朝刊にはこの女性の記事が出た。私は悔しくてならなかった。まさか記者会見で告白、名乗り出るとは思わなかったので、すでに帰国していたからだ。もう少しソウルにいれば、直接取材できたのに。

ソウルにいる尹貞玉さんに電話取材をする一方で、ソウル支局からファックスで送ってもらった新聞記事を見て、同日の大阪の夕刊に続報を書いた。

「韓国の「韓国挺身隊問題対策協議会」(尹貞玉・共同代表)が聞き取り調査をしている元従軍慰安婦(女子挺身隊)の女性が14日午後、ソウル市内で、実名を出して証言した。同夜のテレビニュースで流され、15日朝の韓国の新聞各紙に大きく報道されるなど反響が広がっている」

この記事でも私は「従軍慰安婦(女子挺身隊)」と書いている。あくまでも、当時は従軍慰安婦=女子挺身隊、という観念が固定化されていたからだ。

このときの韓国の新聞の報道を見てみよう。1991年8月15日付の韓国紙では、金学順さんは「挺身隊慰安婦として苦痛を受けた私」(『東亜日報』)、「私は挺身隊だった」(『中央日報』)、「挺身隊の生き証人として堂々と」(『韓国日報』)と語ったと報じられている。

なぜ金さんは名乗り出たのだろうか。その当時、私の電話取材に尹貞玉さんは、こう経緯を話していた。「14日、2回目の聞き取りをしたところ、金さんは、「日本政府は挺身隊の存在を認めない。怒りを感じる」と、自分の体験を公表すると申し出た。それまで非公開で聞き取りをしていたが、急遽韓国の報道陣に公開することになった」

しかし、不思議なことにこの金学順さんの出現について、日本の新聞社のソウル特派員たちは、強い関心を払わなかったようだ。データベースで調べてみても、『毎日』や『読売』にもこの会見が報道されていない。ふつう、韓国の新聞に重要なニュースがあれば、転電するのだが、その形跡がないのだ。

ただ一つ、日本の新聞では『北海道新聞』が、この金学順さんの単独インタビューに成功していた。事前に、挺身隊問題対策協議会に「証言する慰安婦が出てきたら、連絡を」と申し込んでいたという。『道新』は15日朝刊の社会面トップにこういう記事を載せている。

「「日本政府は責任を」。韓国の元従軍慰安婦が名乗り　わけ分からぬまま徴用　死ぬほどの毎日」

「戦前、女子挺身隊の美名のもとに従軍慰安婦として戦地で日本軍将兵たちに凌辱されたソウルに住む韓国人女性が14日、韓国挺身隊問題対策協議会（本部・ソウル市中区、尹貞玉・共同代表）に名乗り出、北海道新聞の単独インタビューに応じた。（中略）金学順さん（67）＝中国吉林省生まれ＝。学順さんの説明によると、16歳だった1940年、中国中部の鉄壁鎮というところにあった日本軍部隊の慰安所に他の韓国人女性3人と一緒に強制的に収容された」

リードでは「女子挺身隊の美名のもとに」と書き、本文では「強制的に収容」と書いている。

また同年8月18日付の『北海道新聞』は「開戦から50年」という連載の第6回で、「もう一つの強制連行」という見出しで、金学順さんを紹介した。それによると、金学順さんは7月下旬に韓国教会女性連合会事務局を訪問した。記事では金学順さんが「韓国人女子挺身隊（従軍慰安婦）問題担当の事務局員」に「『私は女子挺身隊だった』と、切り出した」とある。

これに関連して、『北海道新聞』は２０１４年11月17日付の特集記事「慰安婦問題を考える」で金学順さんについて言及。「女子挺身隊の美名のもとに」と記したことについて、「韓国では勤労のための挺身隊と慰安婦を混同していた」時期があると説明した。取材した元記者によると、「『女性もそう語っていた』と金学順さんが女子挺身隊という言葉を使ったことを明らかにしている。

こうした表現は、『読売新聞』も使っていた。

来日した尹貞玉さんに取材した91年8月24日付の大阪読売朝刊では「連行された約20万人の女子挺身隊のうち「慰安婦」として戦地に送られたのは8万人から10万人とみられているが、公式資料がないので正確にはわからない。（中略）ソウルの金学順さん（68）もそんな一人」。「女子挺身隊の名」という表現の記事は、１９８７年8月14日付の東京読売夕刊に「従軍慰安婦の実態伝える　劇団夢屋第三作　女子挺身隊の悲劇」という見出しで出ている。また、91年7月12日付の『毎日新聞』にも、「また「女子挺身隊」などの名目で徴発された朝鮮人女性たちは自由を奪われ、各地の慰安所で兵士たちの相手をさせられた」とある。そもそも、尹貞玉さん自身が当時、そうした説明をしていたのだ。『毎日新聞』91年12月9日夕刊のインタビューで尹さんはこう語っている。

「私たちにとっては、挺身隊が即ち従軍慰安婦なんです。戦争中、女子挺身隊の名で徴用された女性たちの多くが、慰安婦にされたのですから」

『毎日新聞』で最初に金学順さんのことを記事にしたのは、社会部の女性記者だ。91年9月28日付の「記者の目」で紹介している。この記者は8月下旬に金学順さんに会った、と書いている。また、『読売新聞』で金学順さんのことを最初に書いたのは、前述の同年8月24日付の尹貞玉さんの来日を報じた記事の中である。署名がないことや『大阪読売新聞』にしか出ていないところをみると、筆者は読売新聞大阪本社の記者だろう。

つまり、『朝日』も『毎日』も『読売』も、慰安婦として名乗り出た金学順さんの第一報を書いたのはソウル特派員ではなかった。当時は関心のある記者が慰安婦問題を取材していた時代だったのだ。

またここで再び強調しておきたいのは、名乗り出る前の金学順さんの存在を聞いたのは前述のようにソウル支局長からだったということだ。

ところで、私の最初の記事(91年8月11日付大阪本社版)は韓国の新聞に転電されたのだろうか。ソウルに留学中の友人の翻訳家がデータベースとマイクロフィルムで『東亜日報』など9紙を調べたところ、全く転電された形跡はなかった。また聯合ニュースの知人に当時の「聯合通信」が転電したかどうかを聞いてみた。答えは「ノー」だった。当時の韓国のメディアは私の

8月11日の記事には全く関心を払わなかったことになる。その後の8月14日の記者会見で、金学順さんの存在が初めて韓国でクローズアップされたのだ。

私の記事は日韓のメディアに対して影響を与えなかったが、私は気づかずに歴史の転換点を目撃したことになった。

2015年の夏、私は「韓国挺身隊問題対策協議会」(挺対協)が発行したハングルで書かれた『20年史』を手に入れた。前年の3月28日に発行された454ページの厚い本だ。詳しい年表がついている。1991年夏の部分を見た。こう書いてある。

7・22　金学順ハルモニ(当時67歳)、挺対協事務所訪問

8・14　金学順ハルモニ、韓国で初めて本人自ら慰安婦であったと明らかにする記者会見

金学順さんの記者会見に先駆けて、私が91年8月11日に書いた記事のことは年表にすら出ていなかった。

金学順さんの登場に関する本文の記述にも、私の目は釘付けになった。そこには、こう書かれていた。

「挺対協は生存する(慰安婦)被害者が現れることを心待ちにしていた。挺対協の会員団体である韓国教会女性連合会は、被爆者が慰安婦被害者と同年代であることに着目、被爆者を中心

に慰安婦被害者を探した。1991年7月、広島「原爆の日」の行事を準備しながら、被爆者2世が反戦・反核・平和マダン劇を練習していたある日、被爆者のイ・メンヒハルモニ(おばあさん)が、ハルモニを1人連れてやってきた。イ・メンヒハルモニがユン・ヨンエ総務に目配せをして、「この人があなたたちの探していた、まさしくその人挺身隊のハルモニよ」と知らせてくれた」

金学順さんを挺対協の事務所に案内してきたハルモニもまた、金学順さんのことを「挺身隊」と呼んでいたことを知った。

その年、2015年の春、私は金学順さんに「再会」した。札幌市内で女性の市民運動メンバーたちと共に、韓国のドキュメンタリー映画『終わらない戦争』を観る機会があり、その中に金学順さんの姿があったのだ。

韓国の映画監督金東元さんが、08年に製作した60分の長さのもので、日本語訳がついていた。4カ国5人の慰安婦たちが登場する作品だ。被害者の証言を紹介するだけでなく、この問題を研究している人や政治家の話なども伝え、慰安婦問題をわかりやすく描いている。

私はその映像を見て、はっとした。金学順さんの1991年8月14日の記者会見の風景が出てきたからだ。私が出席できなかった、あの記者会見である。

映画の中で、当時のKBSニュースを紹介していた。ニュースの最初の画面には「私は挺身隊だった」という題名が書かれていた。この挺身隊も、慰安婦の意味である。

めがねをかけた男性キャスターがこう言った。

「50年前、日本軍に連行されて「慰安婦」生活を強要された一人のハルモニが羞恥心を克服して、日本の蛮行を告発しました」

そして、取材記者たちを前に金学順さんが話をしているシーンに画面が変わった。

金学順さんは身体を動かしながら、こう訴えていた。

「16歳になったばかりの娘が強制的に連行されて、必死に逃げても捕まえて離してくれない。目を閉じる前に話して怨みを晴らしたいんです……」

二十数年前の金学順さんの怒りが、伝えたかったことが、よみがえってきた。

このドキュメンタリーには、オランダ人のジャン・ラフ・オハーンさんという被害者も登場している。オハーンさんは、金学順さんの証言に勇気を得て、自らも被害証言をすることにしたのだという。

「本当に驚くべき事実は50年間沈黙していた私たち「慰安婦」女性が同時に、突然、口を開いたことです」

そのことを「バーン!」と表現したオハーンさんの話からも金学順さんの証言のインパクトの強さがよくわかった。

金学順さんの名乗り出は、沈黙を守っていた元慰安婦たちに大きな影響を与えた。

韓国では、元慰安婦の証言者が続出した。こうした事態を受けて、日本では1993年8月に河野談話が出された。韓国では被害者として申告した元慰安婦は200人を超えている。さらにオランダ、フィリピン、台湾、インドネシア、中国などでも元慰安婦が証言した。金学順さんに勇気をもらったというオハーンさんら3人の元慰安婦が2007年2月、米下院外交委員会の小委員会で開かれた公聴会で被害体験を証言した。同年7月には、米下院本会議で日本政府に謝罪を求める決議案が可決された。金学順さんの名乗り出は、日本軍慰安婦問題を国際的な問題に押し上げる大きな契機になったと言える。

もう一つの記事、キーセン学校の経歴を書かなかった理由

1989年11月から92年3月までの大阪社会部時代、金学順さんに関して書いた私の署名入りの記事は、2本だ。名乗り出る前の金学順さんの存在を報じた91年8月の記事と、そして、金学順さんの弁護団への証言内容を伝えた同年12月25日付の大阪本社版「女たちの太平洋戦争」に掲載された記事である。「かえらぬ青春　恨の半生　日本政府を提訴した元従軍慰安婦・金学順さん」という見出しで記事はこうだ。

「韓国の「太平洋戦争犠牲者遺族会」の元朝鮮人従軍慰安婦、元軍人・軍属やその遺族35人が今月6日、日本政府を相手に、戦後補償を求める裁判を東京地裁に起こした。慰安婦だった原告は3人。うち2人は匿名だが、金学順(キム・ハクスン)さん(67)=ソウル在住=だけは実名を出し、来日した。元慰安婦が裁判を起こしたのは初めてのことだ。裁判の準備のため、弁護団と「日本の戦後責任をハッキリさせる会」(ハッキリ会)は4度にわたり韓国を訪問した。弁護士らの元慰安婦からの聞き取り調査に同行し、金さんから詳しい話を聞いた。恨(ハン)の半生を語るその証言テープを再現する。(社会部・植村隆)

「私は満州(現中国東北部)の吉林省の田舎で生まれました。父が、独立軍の仕事を助ける民間人だったので満州にいたのです。私が生後100日位の時、父が死に、その後、母と私は平壌へ行きました。貧しくて学校は、普通学校(小学校)4年で、やめました。その後は子守をしたりして暮らしていました」

〈「そこへ行けば金もうけができる」。こんな話を、地区の仕事をしている人に言われました。仕事の中身はいいませんでした。近くの友人と2人、誘いに乗りました。17歳(数え)の春(1939年)でした〉(後略)」

金学順さんは日本政府に対し戦後補償を求める「太平洋戦争犠牲者遺族会」(金鍾大会長=当時)の訴訟に加わることになり、11月下旬、同会へ入会した。訴訟に向けて、弁護団(団長・高木健一弁護士）の金学順さんに対する聞き取りが11月25日にソウルで行われることになり、弁護団の許可を得て、聞き取りに同行して記事を書いた。聞き取りは掲載日より約1カ月前のことで、私はこの時に初めて金学順さんに会った。

私はこの記事のことでもバッシングを受けている。代表的なものとして、『読売新聞』２０１４年８月29日付朝刊に掲載された「検証② 朝日「慰安婦」報道」がある。朝日新聞社は同年８月５日の「慰安婦問題を考える（上）」という特集ページで、私の慰安婦問題の記事について、「記事に事実のねじ曲げない」として捏造疑惑を否定した。読売新聞社は同月28日付の紙面から、『朝日』の検証記事を批判する連載を始めた。その２回目がこの「検証② 朝日「慰安婦」報道」であった。

『読売新聞』のこの記事は「触れなかった過去」という小見出しがついて、全編、私の記事を扱っている。

「植村氏は91年12月25日の朝刊５面（大阪本社版）で再び、金さんの苦難の人生を取り上げる。／だが、植村氏は一連の報道で、金さんが母親に40円で「妓生（キーセン）を養成する家」へと養女に出された事実には触れていない。妓生は宴会などで芸事をする女性のことで、妓生から慰安婦になった人もいたとされる。／さらに、金さんは、養父から「中国に行けば稼げる」と言われて北京に連れて行かれたと証言している。植村氏の一連の記事では、金さんをだました人について、

「地区の仕事をしている人」などと表現し、養父であることがわからなくなっている」

批判のポイントは2つある。①キーセンを養成する家へ養女として出されたことに触れていない、②養父に連れていかれたことがわからなくなっている――ということだ。

②から先に説明したい。私が同席した91年11月25日の弁護団聞き取りでは、金学順さんは養父については全く語らなかったのだ。それは当時の聞き取り調査に同席し、証言を記録した市民団体「日本の戦後責任をハッキリさせる会」の記録『ハッキリ通信』第2号でも確認できる。この通信は12月6日の提訴のころに発行されたものだ。その記録には、こう書いてある。

「私が17歳のとき、町内の里長が来て、「ある所に行けば金儲けができるから」と、しきりに勧められました。私は日本名で「エミコ」さんと呼んでいた友だちと2人で行くことに決め、おおぜいの朝鮮人が乗せられたトラックに乗ったのです」

それを基に作成された弁護団の聞き取り要旨(日本語)には「1939年、同原告が17歳(数え)の春、同原告らの住む町内の区長から、「そこへ行けば金儲けができる」と説得され、同町内からもう一人の娘(エミ子という名だった)と共に出稼ぎに行くことになった」と書かれている。

いずれも私の記事とほぼ同じ内容であり、翻訳の仕方で用語の違いが多少あるだけで、町内の人に出稼ぎに誘われたと話している。養父は登場してこない。『週刊ポスト』2014年10

月3日号も「養父問題」を取り上げている。

「植村氏は当然、その時点（11月25日の取材時点――引用者）で「連行」ではなく「親に売られた」のだと認識したはずなのだ」

「もし「検番の養父」と言っていたのに「地区の仕事をしている人」と改変して書いたなら、これは意図的な捏造の決定的証拠となる」と書いている。しかし、私が書いた記事は、前述の『ハッキリ通信』第2号、弁護団聞き取り要旨と同様だ。批判をするなら憶測ではなく、基本的な資料をチェックした上で記事を書いてほしい。なお、『読売』も当時の紙面では養父について触れていない。

①に戻りたい。キーセンとは韓国の芸者である。確かに私は、キーセン学校について書かなかった。『ハッキリ通信』第2号には、金さんが「私は平壌にあったキーセンを養成する芸能学校に入り、将来は芸人になって生きていこうと決心したのでした」と語ったことが記録されている。

しかし、私は「キーセンだから慰安婦にされたわけではない」と考えたので、キーセン学校に重きを置いていなかった。金学順さんの証言を基に作成された弁護団の聞き取り要旨にもそのくだりはない。

91年12月6日に金学順さんら3人の元慰安婦を含む遺族会のメンバー35人が東京地裁で日本

政府を相手に植民地支配と戦争で被った犠牲の補償を求める訴訟を起こした。その訴状には、金学順さんについて、こう書いてある。

「14歳からキーセン学校に3年間通ったが、1939年、17歳（数え）の春、「そこへ行けば金儲けができる」と説得され、金学順の同僚で1歳年上の女性（エミ子といった）と共に養父に連れられて中国へ渡った」

11月25日の聞き取りでは、話していなかった「養父」のデータが加わっている。訴状は弁護団の聞き取り要旨そのものではない。おそらく、直前に加筆したのだろう。

訴状は提訴の際にマスコミに公開されているはずだが、裁判を取材した『朝日新聞』の記者も12月6日夕刊の1面本記にキーセンについては書いていない。『読売新聞』も書いていない。

金学順さんはキーセン学校に通っていたことで、攻撃されている。挺対協などによる金さんの聞き取りを収録した『証言　未来への記憶　アジア「慰安婦」証言集Ⅰ』（2006年、明石書店）の「おわりに」というページでは責任編集者の西野瑠美子さん・金富子さんの2人がそのことに触れている。

「現在の日本では、日本の過去の加害を否定し、被害者たちを「金目当て」「商行為」と貶めたり、日本人の「国民的記憶」から「慰安婦」の存在そのものを抹殺しようとする動きが強まっている。（中略）たとえば、金学順さんは妓生検番出身であることが攻撃の材料となった。

（中略）金学順さんは妓生にはならないまま養父に連れて行かれた北京で食堂を出たところを、日本人軍人によって連行され「慰安婦」にされたのである。たとえ妓生出身だとしても、日本軍の慰安所に連れて行かれ「慰安婦」にされた女性たちが受けた被害は、いかなる理由をつけようとも日本軍による加害を正当化するものではない」

キーセン学校へ通ったか、通っていなかったかは大きな問題ではないと私は思う。金学順さんが、どんな経歴であっても、意に反して慰安婦にされ、人権を侵害された被害者であることに変わりないはずではないのか。

1991年12月6日の提訴時の5つの全国紙の夕刊（東京本社発行）では、『産経新聞』をはじめ各紙の記事に金学順さんの「キーセン」の経歴は出ていない。

大学非常勤講師の能川元一（のがわもとかず）さんは、『週刊金曜日』2014年7月4日号でこう指摘していた。

「各紙が「キーセン」としての経歴に触れなかったのは、当然のことにすぎない。金学順さんの訴えは「そこへ行けば金儲けができる」と言われて連れていかれた日本軍「慰安所」での強制売春についてのものであって、「キーセン」であったことは無関係だからである。そしてこの当たり前のことを「捏造」だと攻撃するところに、「慰安婦」問題否認派の根深い女性差別が露呈しているのである」

当時、私はこの能川さんとは面識もなかった。全く知らない研究者が、私の主張を裏付ける文章を書いてくれたことに、大きな力を得た思いだった。

第3章

韓国・朝鮮との出会い

京都で見た金色の仏像

かすかな微笑みを浮かべ、右手の指先を頬に当てた優美な姿をした金色の仏像が展覧会場に安座していた。高さは約90センチメートル。私の大好きな広隆寺（京都・太秦）の弥勒菩薩半跏思惟像とそっくりだ。韓国にもあったとは、という驚きと感動がじわじわと胸に広がっていった。

1976年春、17歳の私は、京都国立博物館で開かれていた「韓国美術五千年展」の会場で「金銅弥勒菩薩半跏思惟像」（韓国国立中央博物館蔵）に心奪われた。高知市にある土佐高等学校（土佐校）2年生の春休みに、学校の友人と2人で京阪神へ旅行した時のことだった。

広隆寺にある弥勒菩薩像は飛鳥時代につくられた木造で、国宝第1号である。もの思う釈迦の姿をかたどったと言われ、その優美な姿は人気が高い。私はこの広隆寺の半跏思惟像のポスターを自分の部屋に飾っていた。それと全く同じ形のものが韓国の国宝として展示されていたので、びっくりしたのだ。奈良・中宮寺の弥勒菩薩もまた、この韓国の仏像にポーズがよく似ている。

展覧会場ではこのほかにも、黄金の「天馬塚金冠」（古新羅の王冠）や緑の美しい「勾玉（まがたま）」（玉製の装身具)などの展示物の豪華絢爛さに目を奪われた。高麗青磁や李朝白磁の静かな美しさにも魅せられた。

この展覧会は、韓国国立中央博物館と、東京国立博物館、京都国立博物館、福岡県文化会館、朝日新聞社の5組織が主催したもので、京都の後は、福岡、東京と巡回することになっていた。これだけ大がかりな展覧会は、日本では初めてだと言われていた。

その日私は、浅葱色というのだろうか、明るい青緑色のずしりと重い大型の図録を買い求めた。図録では日本側の主催4組織が連名で、「理解」と「尊敬」と「友好」という3つの言葉を使って、この展覧会の狙いを説明していた。

「朝鮮半島と日本の文化は、古くから緊密なきずなで結ばれてきました。特に三国時代から統一新羅を経て朝鮮王朝にいたる長い間、朝鮮半島に咲きほこったけんらんたる文化は、あらゆる面で、日本文化の形成に非常に大きな影響を与えました。(中略)わが国の広隆寺、中宮寺の弥勒菩薩の原型ともいうべき金銅弥勒菩薩半跏思惟像など、金属工芸・仏像・陶磁器・絵画など約350点を、はじめて日本で公開する運びとなりました。これらの文化財を通じ、過去の深いつながりを振りかえることによって両国の歴史的、文化的な連帯関係が脈々と受けつがれてきたことを、ここで改めて確認し、相互の理解と尊敬と友好を限りなく未来へひろげてゆきたいというのが、私たちの念願であります」

広隆寺や中宮寺の弥勒菩薩像は日本がオリジナルとばかり思っていたが、隣国・韓国からの文化からはぐくまれていたのだった。私にとっては、大きなカルチャーショックだった。

１９７０年代後半の韓国は朴正熙（パク・チョンヒ）大統領の独裁がクライマックスを迎えていた。韓国イコール独裁国家、という印象ばかり強く、17歳の私は、こうした古代の豊かな文化に思いをはせたことがなかったのである。

高校生になって在日朝鮮人への差別問題を、本の中の知識として知るようになった。そんな時に、この展覧会で、韓国の豊かな古代文化に触発された。私の中に、韓国文化へのほのかな憧れが芽生えた契機になったと言える出来事だった。

主催者の中に朝日新聞社が入っていたことも印象深かった。高知県は地元紙『高知新聞』の普及率が非常に高い。ほとんどの家が『高知新聞』を購読していた。『朝日新聞』を読んでいる人は近所にもあまりいなかった。当時は印刷工場が四国にはなく、たぶん大阪方面の工場で印刷されたものを高知まで運んできていたのだと思う。前夜のプロ野球の試合結果すら、新聞本体には印刷されておらず、折込チラシに試合結果が入れられるという始末だった。だから、速報力の競争では地元の『高知新聞』とは比べものにはならなかった。しかし、私は母親に頼んでわざわざ、『朝日新聞』をとってもらっていた。「朝日新聞を読めば知識が増える」と信じこんでいたのだ。

当時、友人から「何で朝日をとっているのだ」と聞かれて、生意気にも「文化面が充実しているからな」と答えていたことを思い出す。それだけに、展覧会の主催者に自分が愛読している新聞社が加わっていることに、ちょっとした誇りを感じた。

図録の中の韓国国立中央博物館のあいさつもまた、心に残る言葉が書かれていた。

「お隣り同士の韓日両国民は、お互いの文化の伝統とその密接なつながりを、深く正しく理解し合うことが大切だと思います。これは両国国民間の純粋な尊敬の念を生みだし、お互いの長所を発見し合う近道の一つになるからであります。（中略）今度の展示には美術や考古学分野における新発見の学術的資料も多く含まれています。これは多数の日本の学者や専門家たちが、韓国古代文化の姿をもう一度見直すきっかけになると思っております」

17歳の私はこの展覧会をきっかけに韓国の文化に出会い、韓国への憧れを抱いた。その後、大人になってたくさんの展覧会を見たが、これほど、視野を広げてくれた展覧会はなかった。両国の主催者の40年前のあいさつは、いささかも古びていない。ヘイトスピーチや嫌韓本があふれるいまだからこそ、もっと心を打つ。いま流行の言葉で言えば、文化を通じて、お互いに「リスペクトしあおう」ということだろう。

朝鮮人に連帯した詩人「槇村浩」

私の母校は中高一貫校で併せて、土佐校とも呼ばれる。その前身の旧制土佐中学校に戦前、在学していたプロレタリア詩人・槇村浩（こう）を知ったのも、高校時代である。

槇村浩は本名、吉田豊道。侵略戦争に反対し、夭逝した悲劇のプロレタリア詩人である。詩集『間島パルチザンの歌　槇村浩詩集』（1980年、新日本文庫）によると、1912年生まれ、6歳のときに父を失い、母一人子一人の貧しい家庭に育った。しかし、読書や作文の能力に恵まれ、1923年、2年飛び級で、英才教育で知られた旧制土佐中学校本科1年に入学した。ところが、理数系の成績が悪かったため、途中で通常の予科1年に戻された。その後、チフスで休学した後、1927年に海南中学校（現在の高知小津高等学校）に転校した。同校では、仲間らと共に軍事教練の学科試験に白紙答案を出す事件を起こし、その首謀者とされ、1930年に岡山の関西中学校（現在の関西高等学校）にさらに転校させられた。旧制中学生時代から社会主義への関心を強め、1931年に卒業した後プロレタリア文学運動に加わった。9月に起きた満州事変をテーマに反戦詩「生ける銃架」を書いた。翌年、20歳のときに、反戦ビラを撒くなどの活動をし、「間島パルチザンの歌」を発表。その直後、警察に検挙され、特高による拷問や虐待を受けたという。治安維持法違反で投獄されたが、非転向のまま出所し、1938年、

26歳という若さで死去している。獄中生活で躁鬱病になっていたという。

代表作「間島パルチザンの歌」に触れて、私は心打たれた。間島とは旧満州の一部で、いまはない地名だ。現在の中国吉林省延辺朝鮮族自治州がそれに相当する。朝鮮半島が日本に植民地にされていた時期、抗日運動の拠点となっていた。槇村は、同地で活動する朝鮮人抗日ゲリラ(パルチザン)が歌う詩という形で、その作品を書いている。長い詩であるが、その最初の部分を抜粋したい。

間島パルチザンの歌

思い出はおれを故郷へ運ぶ
白頭の嶺を越え、落葉松(からまつ)の林を越え
蘆(あし)の根の黒く凍る沼のかなた
赫(あか)ちゃけた地肌に黝(くろ)ずんだ小舎の続くところ
高麗雉子(こうらいきじ)が谷に啼く咸鏡(かんきょう)の村よ
雪溶けの小径を踏(ふ)んで
チゲを負い、枯葉を集めに
姉と登った裏山の楢(なら)林よ

山番に追われて石ころ道を駆(か)け下りるふたりの肩に
背負縄(しょいなわ)はいかにきびしく食い入ったか
ひびわれたふたりの足に
吹く風はいかに血ごりを凍(こお)らせたか

（後略）

咸鏡とは、いまの北朝鮮の咸鏡南北道と両江道のことだ。植民地下の朝鮮半島を逃れ、豆満江を越えて、間島で抗日運動をするパルチザンの心情を歌い上げている。作品には、共産主義のインターナショナリズムを信じる革命家のきっぱりとした精神の強さが歌いこまれている。あの弾圧の時代に植民地支配を批判し、朝鮮人に連帯した詩人が故郷・高知にいたとは。そしてその人が一時期でも、自分が通う学校に在籍していたとは。槇村の精神の強さに感動するとともに、詩のリズム、そして風景描写の鮮やかさに魅入られた。

山登りが好きな私は、大自然の中に自らが入り込んだような気分になった。行ったことがない場所なのに、これだけの風景描写ができる若き詩人の想像力に驚いた。2006年、私は半年間、朝日新聞社の派遣で、延辺朝鮮族自治州の中心都市・延吉にある延辺科学技術大学に客員研究員として滞在した。そのとき、中国と北朝鮮の国境地帯を何度か訪れ、その風景が、槇村が作品で描いた通りの雰囲気なので、再び驚いたことがある。

槇村浩を主人公にした小説『人間の骨』(土佐文雄著)も高校時代に読んだ。その小説を原作にした自主製作の映画『人間の骨』(1978年公開)も高校卒業後に見た。槇村の生き方は、若き日の私の心に深く刻まれた。

詩人・槇村浩のことを私に教えてくれたのは、生物担当教員の西森茂夫先生(1938―2004)である。痩せて、ひょろりとしていた。平和問題への強い信念を持っていた。北海道大学獣医学部を卒業し、母校の土佐校で教壇に立っていた。大学時代は「都ぞ弥生」の寮歌で知られる北大恵迪寮で暮らし、山岳部で活躍したそうである。私も登山部で、山が好きだったこともあり、とても親しみを感じた。

西森先生から教わったことはもう一つある。それは北海道の自然のすばらしさ、北大の魅力だった。四国には西日本最高峰の石鎚山(標高1982メートル)をはじめ数多くの名山があるが、四国の山だけでは満足できなかった私は、西森先生の話を聞いて、北の山に憧れた。四国の山は冬季でも雪が少ない。スキー場もあるが、積雪がなくスキーができないときもあった。それだけに、北海道の山に存分に登り、冬は思い切りスキーを楽しみたいと思った。1976年は北大の前身「札幌農学校」の開校100周年だった。同じく創業100周年を迎えたサッポロビールCMで「都ぞ弥生」がしきりに流れていたのを覚えている。先生から、北大をめぐる『北海道新聞』の連載記事の切り抜きを読ませてもらったこともあって、「もう、北大を受験するしかない、恵迪寮に入るしかない」と強く思うようになった。

西森先生は平和運動家でもあった。土佐校在職中の1989年に自ら創設した、平和問題などを考える民立民営の「平和資料館・草の家」は、高知の平和運動の拠点として全国的に知られる存在となった。

私は、2009年に一家で札幌に引っ越した。記者生活の最後を札幌で過ごそうと思い、東京本社からの転勤を希望したからだ。実はこの札幌で、西森先生について何度か聞くことがあった。西森先生は北大生時代、熱心なキリスト教信者で、「札幌キリスト者平和の会」で活動した。自衛隊の合憲・違憲をめぐる争いとなった恵庭事件（1962年）の裁判では、高知県出身の憲法学者・深瀬忠一北大教授らと共に、全力を尽くして闘った。また、北大を卒業したあと一時、北星学園大学の附属男子高校で教鞭を執り、組合活動の中心を担ったという話も、当時の同僚から聞いた。私は北星学園大学の非常勤講師である。恩師が働いた同じ北星学園で働いているということで、不思議な縁を感じている。

西森先生は2004年8月に65歳で亡くなられた。私は高校卒業後、高知を離れ、その後一度も先生にお会いする機会はなかったが、北海道で、西森先生ゆかりの人びとから、先生の思い出を聞くたびに、恩師と再会しているような思いになる。そして、西森先生が人々に伝えようとした槇村浩のことを思い出す。

友愛学舎での日々

「もう、北大を受験するしかない、恵迪寮に入るしかない」と思った私だったが、北大は見事に失敗した。1年間、京都で浪人生活をして、いろいろ考えて翌年は京都大学を受けた。しかし、それも落ちてしまい、早稲田大学政経学部政治学科に通うことにした。浪人中、新聞記者になりたいなあとぼんやり思いはじめ、「新聞記者なら早稲田だ。数学の試験もないし」と「自己正当化」していたこともあり、幸せな気持ちで上京した。1978年春のことだ。

新宿区大久保にある早大理工学部そばのラーメン屋の2階に下宿した。その年の秋、大学構内で「友愛学舎寮生募集」という広告を見た。文学部のある戸山キャンパスのすぐそばで、食事つき。すぐに面接を受けて入寮を許可され、リヤカーで下宿から寮まで荷物を運んだ。

友愛学舎は、米国人キリスト教宣教師ベニンホフ博士が、早稲田の創設者大隈重信の要請に応えて1908年に創立した、キリスト教主義の伝統ある早大生のための寮である。早稲田奉仕園というキリスト教系の財団法人が運営し、全学年で寮生は20人程度だった。

「友のために自分の命を捨てること、これ以上に大きな愛はない」という聖書の言葉(ヨハネによる福音書)が舎章だったが、当時は聖書勉強会もない自由な自治寮だった。最初に入った相部屋の窓からは、向かいにあるクラシックな早稲田教会が見えた。名建築として知られる建物を毎日見て暮らしていた。

この寮で私は再び「コリア」と出会った。それは、在日韓国人の先輩が酔っ払ったときの韓国語である。日本語で話しかけても、そのときは韓国語でしか答えなかった。意味は全くわからなかったが、新鮮な感動を覚えた。生身の人間がしゃべる韓国語を聞いたのは初めてだった。

この先輩は文学部仏文学科に在学していたが、以前、ソウル大学校に留学したことがあった。当時、友愛学舎にはもう一人、在日韓国人の先輩がいた。この人からは1960年に韓国で起きた学生革命の写真集を見せてもらい、韓国の現代史に興味を持つようになった。

それまでの私の知識は世界史の教科書から得たものだった。山川出版社が1974年に出版した『詳説世界史(新版)』。定価246円。高校時代・浪人時代に世界史を学び、度重なる引っ越しでも捨てないで、今も大切に本棚においている。1972年までの現代史が、こう記述されている。

「朝鮮半島では、朝鮮戦争後も南北両国の対立がつづいたが、南では李承晩の独裁が強くなったので、1960年学生を中心とする反対運動がおこり、李承晩は失脚した。その後政局は安定しなかったが、やがて朴正熙がクーデターをおこなって軍政をしき、63年から新憲法にもとづく民政に移行した。朴正熙は大統領として65年日本との国交を正常化し、諸外国からの援助を受けて経済の復興に努力している。72年7月にいたり、朝鮮半島の南北両国は、統一促進に関する合意が成立したことを共同声明で発表した」

当時、岩波書店が発行する雑誌『世界』では毎号、T・K生の「韓国からの通信」が連載され、民主化を求める韓国の人々のさまざまな苦難を伝えていた。韓国に留学した在日韓国人らが政治犯として投獄される事件も相次いでいた。

早大生時代、大学にはあまり通わなかったが、早稲田界隈の古本屋めぐりをよくしていた。『コバウおじさん』（柘植書房）という題名の黄色い表紙の本にめぐりあったのもそのころだ。韓国の『東亜日報』に連載された新聞マンガの1974年3月から翌年5月までの作品を日本語に訳した本だった。当時、言論の自由を求める『東亜』の記者たちの闘いに対し、政権側が圧力をかけ広告を止めるなどの弾圧があった。さらに記者が大量解雇される事態も起きた。『朝日新聞』ソウル特派員だった猪狩章さんが巻末に解説を書いていた。韓国の漫画家・金星煥（キム・ソンファン）さんが、1950年に生み出した風刺マンガの主人公がコバウおじさんで、はげ頭に髪の毛1本の中年男だ。庶民の代表として、非常に有名な存在だった。風刺の鋭さに私も『コバウおじさん』のファンになった。

1979年10月26日、朴大統領が側近の韓国中央情報部（KCIA）の金載圭（キム・ジェギュ）部長に射殺された。寮の畳部屋で事件を伝える27日の夕刊を読みながら、寮仲間と韓国の政治の行方について興奮しながら話し合った。そのとき、あの酔っ払って韓国語しかしゃべらなかった先輩が、日本語で、こうつぶやいた。「朴が死んでもすぐに次の「朴」が登場してくる。独裁体制に変わりはないよ」

朴大統領の死後、韓国では一時的に政治活動が自由になり「ソウルの春」と呼ばれたが、その後、暗殺事件の捜査の責任者となった全斗煥（チョン・ドゥファン）国軍保安司令官が粛軍クーデターで軍の実権を掌握した。先輩の予言は的中した。

80年5月には民主化を求めるデモが全土に拡大し、戒厳令が出された。韓国南西部の都市・光州では、民主化を求めて立ち上がった学生や市民たちが軍によって鎮圧され、多数の死傷者が出た。光州事件である。私は大きな衝撃を受けた。すぐ隣の国で、軍が市民に向けて発砲するという信じられないような光景が展開したのだ。

光州事件では、政府発表で193人が死亡した。民主化運動の指導者だった金大中（キム・デジュン）氏が民衆蜂起を扇動したとされて軍部に逮捕、起訴され、80年9月17日に内乱陰謀罪などで死刑判決が下された。

金大中氏は73年夏、拉致事件で殺されかかった人だ。再度の危機に世界各地で救援運動が起きた。私もしばしば都内の集会に参加し、韓国大使館へデモに行った。ある日のデモに参加したときに見た光景を綴った文章が残っている。こんな内容だ。

「おばあさんはポケットから、布製のゼッケンを取り出し、胸につけた。「金大中氏を釈放せよ」。おばあさんの手書きなのだろう。小柄なおばあさんは、若者や市民たちに交じって歩き始めた。約100人程が集まっていた。デモ隊は、約2キロのコースを行進した。いつもの公園に到着した。司会者が、どなたか発言のある方はと発言者を探す。あのおばあさんが、進み出た。マイクをもって、静かに話し出した。「私は、金大中さんを殺すなと発言できたことを誇りに思います。私には悲しく、恥ずかしい思い出があります」

彼女は、女学生のとき南京陥落の提灯行列に参加した。戦後になって、南京で中国人を大虐殺していたことを知り、だまされていたことを知ったという。そして、続けた。

「二度と、だまされないで、自分の頭で、考え、行動しようと、そのとき決心しました。金大中さんも、私は無実だと思います。立派な政治家を殺させるわけにはいきません」

大勢の市民が、さまざまな思いを抱いて、金大中氏救援運動に参加していた。

81年1月23日の大法院（最高裁に相当）判決で、金大中氏の死刑が確定した。しかし、すぐに特赦で無期懲役に減刑された。国際世論に配慮した全斗煥政権の政治的な判断だった。私は理不尽な判決に憤り、その思いを『朝日新聞』に投書した。それが81年1月27日に掲載された。22歳の私はこう書いている。

日韓修復急ぎ民衆救えるか

「金大中氏は、無期懲役となり、死刑が回避された。しかし、無期懲役は殺されないだけで、やはり極刑であることに違いはない。いぜんとして、彼の政治生命は絶たれたままである。／金大中氏は、無罪である。彼の自由が回復されない限り、問題は解決しない。／全政権は、幾つかのもっともらしい理由で、この決定を説明している。昨年暮れからの表面的民主化の最終段階である。／しかし、これで民主化と呼べるのか。民主化は、民衆自身が獲得するもので、民衆を弾圧する圧制者が口にすべきものでは決してない。／日本政府は、急ぎ日韓関係修復に取り組むという。伝えられるように、韓国経済は悪化している。全政権は、これを外国援助で乗り切ろうとしている。困っている国に援助は当然だが、真に苦しんでいるのはだれか。／それは、人権を踏みにじられ、自分たちの声で金大中氏らを救えぬ韓国の人々ではないか。／全政権に対する急速な関係修復は、こうした人々に対する、真の救いや援助になるのだろうか」

怒りでペンを執ったが、活字になった自分の投書を何度も繰り返して読み、とてもうれしかった。

金大中氏は82年に無期懲役から懲役20年に減刑された後に懲役刑の執行が停止となり、病気治療のため渡米した。事実上の「亡命」と言われた。

新聞づくりの面白さにとりつかれたのも学生時代である。先輩や同期の仲間と語りあって、タブロイド版の学生新聞『早稲田ジャーナル』を創刊した。友愛学舎が実際の「編集局」になった。下町にある印刷所に格安料金で請け負ってもらっていたので、いつも日本酒を1本ぶら下げて印刷所へ行った。原稿に合わせて活字を組み合わせていく植字工の手際のよさには、いつも驚いていた。

高田馬場周辺の飲食店などに広告集めの営業に行ったりもした。当時の新聞製作は昔ながらのやり方だ。出揃った原稿を編集し、どの原稿をどの部分に配置するかなどの割付作業はとても手間がかかり、しばしば朝までかかった。勉強での徹夜はしたことがなかったが、新聞の編集作業ではよく徹夜をした。苦労も多かったが、みんなの力を合わせて新聞をつくるというのは楽しかった。

受験シーズンには文学部前や理工学部前に机を運んで、「友愛学舎有志」の名で合格電報受付け・発送のアルバイトをやった。これも、新聞発行の資金づくりのためだった。

光州事件のころ、一人の朝日新聞記者と知り合いになった。あの『コバウおじさん』の解説を書いていた猪狩章さんだ。1938年生まれで、当時は東京本社外報部の次長。各地で光州事件についての講演なども行っていた。『ソウル特派員報告』『日韓独裁と人権』などの著書があり、私はそれらを熱心に読んだ。

猪狩さんは、新宿の朝日カルチャーセンターで「マスコミ文章の書き方」という講座の講師もやっており、私はそこの受講生にもなった。成績不振者でゼミにも入れてもらえなかった私にとって、大学時代の恩師と言えばこの猪狩さんが思い浮かぶ。新聞記者になってソウル特派員になり、現代史を記録したい——。そんな夢を抱いた。

友愛学舎の会議室で、別の大学の女子留学生を囲んで韓国語の勉強会をしたのも、そのころだ。実際に隣国を見てみたいと思い、大学4年生だった81年夏に寮の仲間たちと3人で韓国旅行に出かけた。

釜山の魚市場チャガルチー市場での出来事が忘れられない。朝、市場を見物していたとき、市場の関係者らしきおじさんが私たちのところへやってきて、「飯を食ったか」と言う。「まだです」と答えると、市場の中の食堂に連れていってくれて、朝飯をご馳走になった。なぜ食べさせてくれたのか、何を話したのかの記憶はない。しかし、食べたものは覚えている。焼き魚の定食だった。とても、おいしかった。光州事件のあった光州市では、若い軍人と知り合った。最初は身構えたが、休暇中の兵士で光州事件とは関係ないことがわかった。彼は我々を遊園地に連れていってくれた。ソウルでは新村にある延世大学校を見物した。ここはキリスト教系の総合大学だ。キャンパス内をうろうろしていると、可愛い女子学生数人が歩いていた。思い切って声をかけると、日本から来た我々に関心を持ってくれた。近くの「トクスリ」(ワシ)という名の喫茶店に一緒に行き、片言の英語で盛り上がった。

韓国では、親切でおおらかな人々とあちこちで出会った。初めての外国旅行で、この国がとても好きになった。

就職試験のシーズンが来た。私は新聞記者になりたかったので、一般企業の入社試験は受けなかった。友人たちが企業回りをしているとき、作文の勉強会をしたり、図書館で新聞の縮刷版を読んだりして過ごした。そして運よく、朝日新聞社の採用試験に受かった。

「植村君、君ねえ。朝日新聞に入ったら、きちんと勉強したまえ」

朝日新聞社への合格を告げたとき、ドイツ語の教授にこう言われた。教養科目のドイツ語を落とし続けて4年生まで履修した劣等生への、はなむけの言葉だったと思う。

『朝日』記者としてソウルへ語学留学

1982年3月に早大を卒業し、同年4月から朝日新聞記者になった。初任地は仙台支局で、警察や司法、市役所を担当した。司法担当の時は日本で3番目の死刑囚再審事件・松山事件を担当、再審での無罪判決を取材した。二十数年ぶりに死刑台から生還した斎藤幸夫さんの聞き書き連載「生還」も宮城版に掲載した。連載の題字は、ご本人に書いてもらった。墨痕鮮やかなその字は、いまも私の手元にある。

85年10月に千葉支局に異動となり、千葉県警キャップとなった。社会部記者になろう、と思いながら日々の取材を続けていたが、韓国語への関心は持ち続けていた。学生時代に留学生から「植村さんの発音はとってもいい」と褒められ、才能があると信じ込んでいたのだ(韓国人は韓国語を学ぶ日本人によく、そういうお世辞を言うということを後になって気がついた)。

千葉支局時代に、角川書店から『朝鮮語大辞典』(1986年2月、大阪外国語大学朝鮮語研究室編)が発行された。収録語は22万語、全3巻で2800ページを超える日本で最も大きな朝鮮語辞典だ。それまで日本では小さな辞書しかなかっただけに、画期的な出版だった。大阪外国語大学教授の塚本勲先生らが20年以上かけてつくった労作で、その偉業にも敬意を抱いた。高価だったが早速購入し、支局の自分の机の上に置いておいた。大きくずしりと重かった。

忙しくて韓国語を勉強する暇はなかったが、この机の上の大辞典が私の「進路」を変えた。ある日、支局に戻るとデスクが私にこう言った。「語学留学、韓国語で出しておいたよ」

朝日新聞社には、若手記者向けの語学留学制度があり、社の派遣で1年間、外国語の勉強ができる。将来の特派員養成の意味合いもあった。デスクは私の机に置かれた『大辞典』で「韓国語ができるだろう」と誤解し、本社に申請してくれたのだった。

幸運にも語学留学生に選ばれ、87年夏からソウルに留学できるようになった。出発前に千葉支局から東京本社の外報部に転勤し、内勤をしながら留学の準備を始めた。

この年は、韓国社会が民主化に向かって大きく動き出す歴史的な年だった。光州事件で民衆を弾圧した全斗煥政権の末期で、民主化運動が高まり、大統領を直接選挙で選べる憲法改正を求めていた。71年の大統領選挙後、朴正煕大統領が維新憲法と呼ばれた新憲法を制定し、間接選挙にしていた。ライバルの金大中候補に追い上げられ、永久独裁体制を狙ったのだ。

87年1月、学生運動をしていたソウル大生が警察の取調べ中に水拷問を受けて死亡した。3月には「拷問追放」の平和デモが警察に弾圧された。4月、全大統領が憲法改正論議を禁止する談話を発表したため、人々の怒りはさらに高まった。6月9日、デモに参加していた延世大生に警察の催涙弾が直撃して、意識不明となった(7月5日に死亡)。各地で大きなデモが起き、警察と民衆が衝突した。戒厳令が出されるのではという不安が広がる中、与党・民主正義党の盧泰愚(ノ・テウ)代表委員が事態の収拾に乗り出した。盧代表委員は6月29日、大統領直選制への改憲や基本的人権の保障、言論の自立性最大限保障、金大中氏の赦免・復権など8項目の「民主化」を宣言した。全大統領がこの民主化宣言を受け入れ、大統領の直接選挙が16年ぶりに復活することになった。

私は民主化宣言後の8月8日から、ソウルで暮らし始めた。「延世大学校韓国語学堂」に入学したが、授業より街歩きで韓国語を覚えた。教科書よりも新聞で韓国語や韓国社会を読む勉強をした。当時は、『朝鮮日報』に連載されていた『コバウおじさん』も愛読した。

ソウルでは、いたるところで、ストやデモが繰り広げられ、言論の自由が進み、ソウル五輪(88年)を前に街には祝祭ムードが漂っていた。見るものすべてが新鮮だった。

赦免・復権された金大中氏に初めて会ったのは9月25日のことだ。ソウルの汝矣島(ヨイド)にあった金大中氏の事務所を友人たちと訪ねた。当時の日記帳に写真とメモが残っている。ネクタイをして背広を着た29歳の私が、金大中氏の隣で、はにかんでいる。

あの元朝日新聞ソウル特派員の猪狩章さんの紹介による表敬訪問だった。猪狩氏からのあいさつを伝えると、金大中氏は言った。「朝日の特派員の人は皆それぞれに立派な人であったが、特に猪狩先生は韓国の民主化に尽力してくださった」。握手した手のひらが大きかった。

「ソウル遊学生通信」発行

語学習得の1年間の留学なので記事を書く義務はない。しかし、私はこの韓国体験を記録し伝えたいと思った。

「そうだ。手書きの個人新聞を作ろう」とアイデアが浮かんだ。大きく変化していく韓国社会の様子を、日本の友人たちに伝えるのだ。「ソウル遊学生通信」と名づけた。A3サイズ表裏のミニ新聞である。シャープペンシルで書いた記事を台紙に貼り付けて、下宿近くのコピー店でコピーして郵送することにした。

創刊号は1987年10月10日発行。1面トップ記事は忠清南道にできた独立記念館の見物記である。日本の侵略や植民地支配、それに対する独立運動の記録などを展示した歴史博物館の展示物の紹介や、賑わっている様子などを描いた。ヴァイツゼッカー大統領が85年5月8日のドイツ敗戦40周年で行った演説の中の言葉も引用している。

「過去に目を閉ざす者は結局のところ現在にも盲目となります。非人間的な行為を心に刻もうとしない者は、またそうした危険に陥りやすいのです。ユダヤ民族は今も心に刻み、これからも常に心に刻みつづけるでありましょう。われわれは人間として心からの和解を求めております」。そして、私はこう書いた。

「この演説の「ユダヤ民族」を韓国人（あるいは朝鮮民族）におきかえると、我々日本人を射る言葉になります。（中略）この1年間、様々な史蹟を見て、「心に刻む」作業を続けていきたいと思っています」

生活雑記も載せた。自分が住む下宿や大学の食事メニューの紹介、キムチの食べ過ぎなのか腹をこわし、大学附属病院に通って5万ウォン（当時の日本円で9000円）の治療費がかかったこと。韓国の酒を紹介するコラムもある。第1回は焼酎の眞露（チンロ）で、大衆に愛飲されるこの酒の空瓶が火炎瓶として再利用されている実態も紹介している。

88年7月28日の第8号まで続いた。毎号のトップ記事を見ると、当時の私の関心がどこにあったかが、よくわかる。

第2号（87年11月19日）は、学生運動の中で学生たちに愛されたフォークソング「朝露」（金民基作詞・作曲）が16年ぶりに、発売解禁になったというニュース。第3号（12月29日）は大統領直接選挙について、第4号（88年1月30日）は東海岸側にある韓国最北の地のルポ。「海の38度線で」

とある。第5号（3月23日）は、三・一独立運動で日本軍に住民が虐殺された堤岩里事件の追悼集会。第6号（5月23日）は光州事件の死者たちが眠る墓地で行われた追悼式の取材記録。第7号（6月24日）は、済州島にある韓国最高峰の漢拏山（ハルラ）（標高1950メートル）の登山記。第8号（7月28日）では、釜山の地元紙『釜山日報』が公正報道・民衆の新聞を目指して、韓国言論史上初のストライキに入ったという話を伝えた。この号の裏面には、元朝日新聞ソウル特派員の猪狩章氏が、金大中氏事件（73年8月）の取材以来、15年ぶりにソウルを訪れたことも書いている。それまでビザがおりなかったという。これもまた韓国の民主化の一つだった。

「遊学生通信」第3号でトップの記事にした「大統領直接選挙」は、1987年の最大ニュースだった。16年ぶりに大統領を直接選べるという熱狂ぶりは激しかった。与党側は、民主化宣言を出した盧泰愚氏が出馬を表明した。盧氏は軍人出身ながら全斗煥大統領と比べソフトな印象があり、「普通の人（ポトンサラム）」というキャッチフレーズで、さかんにソフトムードを強調していた。野党は盧氏を、全氏と共に79年に粛軍クーデターを起こした張本人だと批判した。

一方、赦免・復権された金大中氏が71年以来、2度目の出馬に意欲を見せていた。しかし、民主化運動のもう一人の指導者・金泳三（キム・ヨンサム）氏も同じく出馬に強い意志を示した。当時のキーワードは「単一化（タンイルファ）」。候補の「一本化」である。金大中と金泳三の両金氏のどちらかに一本化すれば、野党側にとって絶対に有利だったからだ。

在野勢力は、両金氏の候補一本化を目指してさまざまな説得を行ったが、両金氏は同意しなかった。11月末から12月にかけて、三候補の総決起集会が相次いでソウルの汝矣島で開かれ、私はそのたびに同地を訪れた。

汝矣島はソウルを流れる漢江の中洲で、国会議事堂がある。その南東にアスファルト敷きの広大な広場があり、１００万人が集まれると言われていた。いずれの候補の集会も、数十万人規模の人々が集まり、盛り上がっていた。しかし、参加している人々の雰囲気が違うことに気づいた。金大中氏の集会では、地味なジャンパー姿の労働者が目立った。金泳三氏の集会は、ダウンジャケットやコート姿の人々が多かった。大雑把に見て大衆層と中産階級の違いのようだった。「民主化を求める勢力が、分断されているんだ」としみじみと感じた。それに比べ、盧氏の集会は会場近くに観光バスも多く、明らかに動員された人々が目立った。

87年12月16日、投票が行われ、盧泰愚氏が約８２８万票を獲得し当選した。次点の金泳三氏は約６３４万票、金大中氏は約６１１万

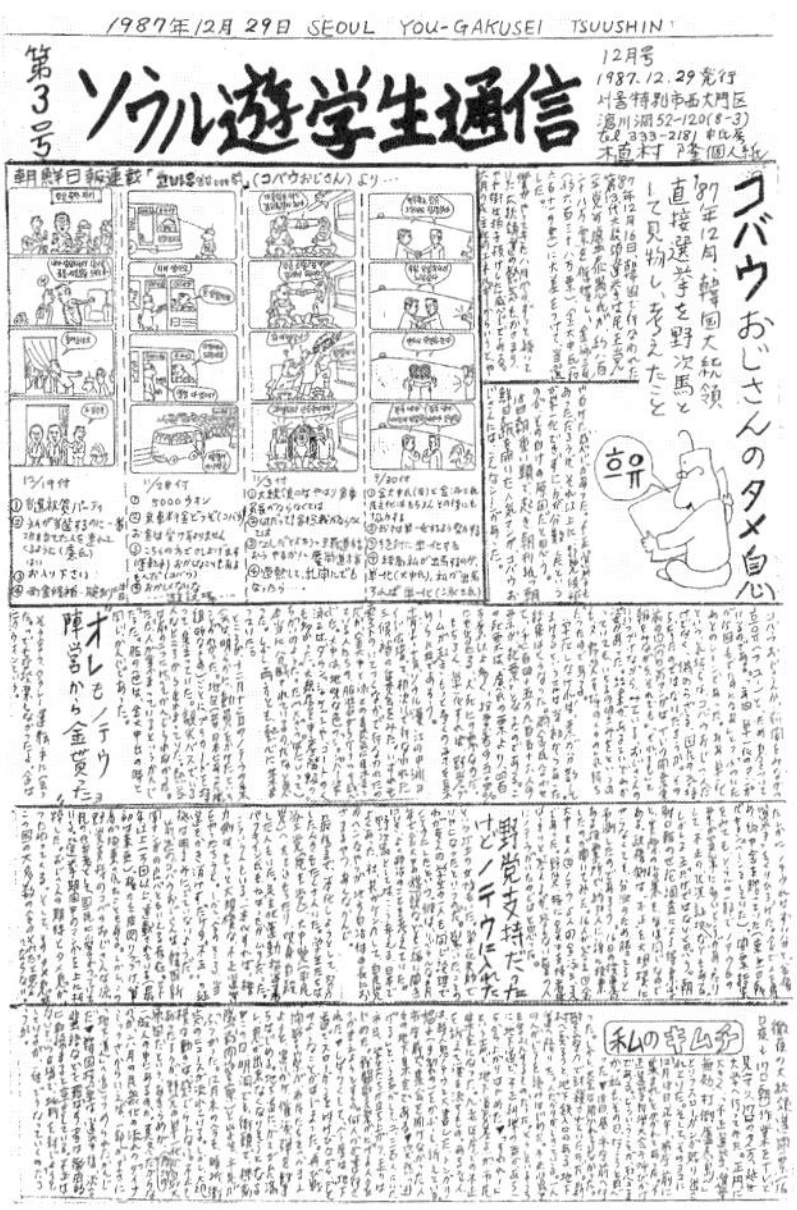
1987年12月29日 SEOUL YOU-GAKUSEI TSUUSHIN

第3号 ソウル遊学生通信

12月号 1987.12.29発行

「ソウル遊学生通信」より

票だった。与党からの「政権交代」を求める約1245万票が、死票となった。

大統領選挙をテーマにした「ソウル遊学生通信」第3号に、私は「コバウおじさんのタメ息」という見出しをつけた。新聞を見ながらため息をついているコバウおじさんを自分で模写し、選挙をテーマにした他の4作品と一緒に紹介した。例えばこんなマンガだ。当選パーティで盧泰愚氏が「私が当選するのに一番功労のあった方をお招きするように」と言う。そして、招かれて登場するのが、頭に絆創膏を貼った金大中氏、頬に絆創膏を貼った金泳三氏で、2人とも腕まくりをしている。皮肉たっぷりだった。金星煥さんに会いたい、この作品を使って、韓国の現代史を紹介する新聞記事や本を書きたいと思った。

1988年8月でソウル留学が終わった。私はいったん外報部に戻り、内勤記者をした後、大阪社会部に異動した。

猪飼野での暮らしと取材

89年秋、東京から大阪社会部に異動が決まった時、「あの街」に住もうと思った。たくさんの在日韓国・朝鮮人が住む大阪市生野区である。大阪社会部では、在日韓国・朝鮮人問題の担当になることが決まっていた。どうせなら、「職住接近」がいい。在日の人々の暮らしに触れられるところに住もうと思った。そのど真ん中のコリアンタウン・御幸森商店街の入り口にある神社のすぐ脇にアパートを見つけた。かつて「猪飼野」と呼ばれた地域である。当時、この街に日本人の新聞記者が住むのは、珍しいと言われた。

89年11月からこの街に暮らし始め、さまざまな在日の人たちと知り合った。そして、在日をテーマにした連載をすることを思いついた。私が中心となり、同僚記者たちと一緒に取材した。

1990年に大阪本社の夕刊に掲載した連載、「イウ・サラム(隣人)」だ。日本人と在日韓国・朝鮮人は隣人、差別をなくし共に生きる社会をつくろうというメッセージをタイトルにこめ、こんなリードで始めた。

「猪飼野――。大阪市生野区の中心部で、町名が変わったいまもそう呼ばれる。キムチやお好み焼きのにおいがする庶民の街。戦前、戦後を通じて在日韓国・朝鮮人が多く住む街でもある。そんな街も少しずつ変わる。1世たちは年々少なくなり、新しい世代が登場している。日本社会の中の「イウ・サラム」(隣人)たちは、いまどうしているのだろうか。猪飼野を歩く」

連載は3部で、計18本となった。同胞を結ぶ有線ミニ放送局を作ろうとする人、日本語の読み書きを習う在日1世のオモニ(母親)たちの姿、日本人の恋人の母親から冷たくされている女性の話、祖国の文化を学ぶ子供たちの姿、本国からの出稼ぎが増えている様子、国籍の壁で生野区役所には一人も「在日」の職員がいないという実態など、さまざまなテーマで、街に生きる人々の姿を丹念に描いた。タイトル題字には「ハングル」を使った。

この連載は韓国のマスメディアの注目を集め、取材記者の私たちが韓国のテレビや雑誌に取材されるということにもなった。

取材に来た『時事ジャーナル』の蔡明錫（チェ・ミョンソク）記者は9月6日号で、こう書いている。

「日本新聞にハングルの大題字。日本の権威ある日刊紙・朝日新聞が、同胞の生活ルポのタイトルに直接ハングルを使用し、大きな話題を集めている。担当記者は「英語のタイトルを新聞で使うこともある。それなら韓国関係の記事にハングルを使ってみよう、という発想だった」という。ある在日同胞は、（ハングルタイトルの記事に対する感想を）時代が大きく変わっているのを感じたといったが、「在日を真の意味で、イウ・サラムととらえる日本人はまだ少ない」とも話した」

この生野の街で、私が熱心に取り組んだ問題がもうひとつある。それは、在日韓国人政治犯問題だ。進学などのため祖国・韓国へ行き、北朝鮮のスパイとされ、国家保安法違反で投獄された在日韓国人のことである。

約100人が投獄されたが、救援運動や民主化の流れの中で、7割ほどが釈放されていた。また死刑や無期懲役の人たちも有期刑に減刑されるなど、事態は大きく明るい方向へ動いていた。ソウル留学中に、韓国の民主化の進展を見ていた私は、この問題にも強い関心を持った。生野区内には救援組織の事務所もあり、よくそこに出入りした。

近くに在日韓国人の元政治犯がいると聞いて、会いに行った。元死刑囚の康宗憲（カン・ジョンホン）さんという人だった。府立天王寺高校を卒業し、1972年にソウル大医学部に入学した。75年に国家保安法違反で投獄された。苦しい体験を、穏やかな表情で語る康さんに魅かれ、「ひと」欄に紹介記事を書いた。

在日韓国人政治犯問題取材のために、ソウルに出張したこともある。19年の獄中生活を送った京都出身の徐勝（ソ・スン）さんが、1990年2月末に仮釈放された時も、ソウルで取材した。釈放後に単独インタビューも行った。亡くなった母親の骨をお守りにしていたという話が、忘れられない。当時の大阪本社版にそのエピソードを紹介した。

また、学生時代から好きだった『コバウおじさん』を日本の読者に紹介したのもこの時だ。ソウルに出張し、作者の金星煥さんを取材して、91年2月15日の夕刊に「『コバウおじさん』の見た日韓」という特集記事を書いた。独立記念館の前に「遺憾」を表明する昭和天皇の像を建てるコバウおじさんや、キーセンパーティ行きに集まる日本の観光客を見て驚くコバウおじさんの姿など、6本の作品を紹介した。

91年6月には、「ソウル遊学生通信」の記事やその後の韓国取材の記事をまとめて『ソウルの風の中で』（社会思想社）を出版した。私にとって、記念すべき最初の単著となった。

私は大阪社会部へ外報部からの「修業」の形で、転勤していた。朝日新聞社では、地方支局から本社にあがった時、所属した部を「本籍」と言うことがある。2度目の地方支局の千葉から、そのまま外報部へ移ってソウル語学留学生となった私は、本籍が「外報部」とみなされていた。

大阪へ行く前の外報部時代にも、応援取材のためにソウルへ長期出張したこともあった。大阪では在日の人権問題担当だったから、韓国における民主化問題や人権問題もまた、私の取材範囲だと思っていた。このため、しばしばソウルへ出張し、ソウル支局で原稿を書いた。そんな時代に、私は従軍「慰安婦」問題に出会うことになる。

すでに書いたように、空振りに終わった90年の取材、そして匿名ではあったが、元従軍「慰安婦」の証言を初めて記事にしたのは91年だ。その匿名の「慰安婦」金学順さんが名乗り出たことなどから、日韓では、従軍「慰安婦」問題が大きくクローズアップされていった。しかし、私はその後、弁護団による金学順さんの聞き取りの署名記事を書いた程度で、93年8月にテヘラン特派員になったこともあり、慰安婦問題を中心的なテーマにすることはなかった。

金大中氏とコバウおじさん

1996年12月、テヘラン特派員だった私はソウル特派員の辞令を受け着任した。アジア通貨危機が波及し、韓国は経済危機に直面していた。93年2月に就任した金泳三政権の末期で、その処理は次の政権へ任された。

97年12月の大統領選挙を今度は、ソウル特派員として取材することになった。4度目の挑戦となる金大中氏は「変身」していた。かつて自分を弾圧した故朴正熙大統領の政権を讃える演説をし、その側近だった金鍾泌(キム・ジョンピル)氏や朴泰俊(パク・テジュン)氏らが率いる保守政党・自民連との連携を進めていた。出身地の全羅道では圧倒的な支持があるものの、朴氏の出身地の慶尚道での支持が弱いため、慶尚道の票や保守層にアピールしようとする狙いだった。

旧与党は候補の「単一化」に失敗していた。その結果、12月18日に行われた投票は、野党国民会議の金大中氏と、旧与党ハンナラ党の李会昌(イ・フェチャン)氏の大接戦となった。

朝刊の最終版(14版)に選挙結果を入れられるかどうか。出先の取材記者からは、「国民会議党本部では勝利の雰囲気が漂っている」「ハンナラ党幹部の表情は硬い」などの情報が入った。支局長は「金大中が当選する」という世論調査機関の得票予想を得た。私は顔見知りの、朴泰俊自民連総裁に直接電話を入れた。「どうですか」と聞くと、朴総裁は「まだ断定はできないが、金氏の当選確実というところだ」と答えた。機嫌が良かった。

最終版に「金大中氏が当選へ」という見出しを入れることにした。1面トップに私はこんなリードを書いた。

「経済の建て直し、政権、世代の交代を問う韓国の大統領選挙は、18日午後6時に投票が締め切られ、同夜、全国で一斉に開票作業に入った。韓国放送公社(KBS)などの19日午前1時

20分現在の開票速報（開票率72・7％）によると、得票率は野党・国民会議の金大中（キム・デジュン）候補（72）が40・2％、与党の流れをくむハンナラ党の李会昌（イ・フェチャン）候補が38・6％で、金候補の当選は確実だ。国民新党の李仁済（イ・インジェ）候補（49）は19・4％」

記事を書きながら、十数年前の学生時代に金大中氏救援運動をしていたことや、『朝日新聞』への「投書」のことを思い出していた。まさか、自分が「金大中氏の当選」の歴史的な記事を書くことになるなんて。涙が出そうだった。新聞記者になって本当によかった、と思った。

金大中大統領は98年10月7日に訪日し、翌日、小渕恵三首相との間で日韓共同宣言に署名した。この中で、小渕首相は韓国民に対し、日本の過去の植民地支配について、「痛切な反省と心からのおわび」を表明した。この言葉を金大統領が評価した。この訪日で、両国は「過去の問題」に一応の区切りをつけ、新しい関係に発展できる契機を作った。これを受けて韓国は、日本の大衆文化の段階的解禁を発表。日韓の文化交流が進んだ。

そして私は、99年8月末にソウル支局の特派員生活を終えて日本に戻った。

金大中氏は２０００年6月に北朝鮮の金正日（キム・ジョンイル）総書記と会談し、離散家族の相互訪問や経済などさまざまな分野での協力をうたった南北共同宣言を発表した。同年10月には、金氏にノーベル平和賞が贈られることが発表された。長年、韓国の民主化に努めたことや南北首脳会談の実現など南北和解を進めたことが評価された。

一方、『コバウおじさん』はその年の9月末で終了した。1万4139回の連載だった。私はこのマンガを使って、韓国現代史をわかりやすく伝える本を出版しようと考え、2003年2月、金星煥さんとの共著の形で『マンガ韓国現代史　コバウおじさんの50年』を角川ソフィア文庫から発行した。半世紀続いた作品の中から147本を厳選し、見開き2ページの左ページの左半分にはマンガをそのまま、右半分には日本語訳を載せた。右ページには日本語で書いた解説的コラムを掲載した。そして、キーワードをハングルで表示するようにした。韓国語を学ぶ人にも役に立つように工夫したのだ。

3年後に再版されたが今は絶版で、古本でしか入手できない。いつか増補改訂版を出したいと思っている。

第4章

反転攻勢、闘いの始まり
――不当なバッシングには屈しない

『朝日新聞』に検証記事掲載

私は『週刊文春』2014年2月6日号の記事で、「〝慰安婦捏造〟朝日新聞記者」とレッテル貼りされた後、すぐに朝日新聞本社の関係者に、こう訴えていた。

「自分の会社の記者が「捏造記者」と書かれている。本当に捏造したのかどうか、検証記事を書いてほしい」

朝日新聞社でも、自社の「慰安婦問題」報道全体の検証の必要を感じていたようで、ほどなく取材記者たちで構成した取材班をつくり、調査に乗り出した。私は札幌で何度か取材班の取材・聞き取りを受け、資料などを提供した。そして、2014年8月5日の新聞に「慰安婦問題を考える(上)」という検証特集が掲載された。

特集には、「強制連行」「済州島で連行」証言」「軍関与示す資料」「「挺身隊」との混同」「元慰安婦　初の証言」という5つの項目があった(巻末の資料参照)。

私の記事に関する「元慰安婦　初の証言」の項目では、「記事に事実のねじ曲げない」と捏造疑惑を否定した。

しかし、「「慰安婦」と「挺身隊」との混同については前項(「「挺身隊」との混同」筆者注)でも触れたように、韓国でも当時慰安婦と挺身隊の混同がみられ、植村氏も誤用した」とされた。

そして、記事の最後に「読者のみなさまへ」という部分があり、こう結論づけていた。

「植村氏の記事には、意図的な事実のねじ曲げなどはありません。91年8月の記事の取材のきっかけは、当時のソウル支局長からの情報提供でした。義母との縁戚関係を利用して特別な情報を得たことはありませんでした」

『朝日』の検証記事は、私の記事に「捏造」がないことを明言した。しかし、「『済州島で連行』証言」という項目の中で、慰安婦を強制連行したと証言した故吉田清治氏の記事を虚偽だとして取り消したため、『朝日新聞』に対するすさまじいバッシングが起きた。そのバッシングに巻き込まれ、私は名誉回復どころか、再び大きなバッシングの波に見舞われた。

「ツイッターで私のことがつぶやかれている。ツイッターの拡散力は恐ろしいから」

2014年8月のある日、娘がこう言い出した。検証記事の数日後だった。

私の娘は5月末に高校生の平和活動「高校生平和大使」の北海道代表に選ばれ新聞に報道された。6月上旬には「おい、これ植村の娘じゃないか」という書き込みが現れ、娘を誹謗中傷する書き込みがどんどん増えていた。私は娘に言わなかった。心配させたくなかったからだ。

しかし、ネットで攻撃されるのではないかという不安があった。それが的中してしまった。

実は、娘もそれに気づいていたが、私には言わなかったという。このツイッター事件で、お互いに気づいていたことがわかった。

学校のホームページに掲載された娘の写真が流出していた。その写真は私が撮影し、学校へ提供していたものだ。あるブログにも、この写真が貼り付けられ「こいつの父親のせいでどれだけの日本人が苦労したことか。（中略）自殺するまで追い込むしかない」とも書かれていた。検証記事が出た5日後の8月10日に書かれたものだった。

このブログには他にも多数の誹謗中傷が書き込まれていた。「晒し支持!!! 断固支持!!! 日本人の国際的評価を下げ、ここまで日本の国益を侵害した連中だから当然だね」「なんだまるで朝鮮人だな。ハーフだから当たり前か」。1時間でコメント数は29件にも上っていた。

なぜ、私が記事を書いた時代には、まだ生まれていなかった17歳の少女の写真がさらされ、なぜ、こんな罵詈雑言が書かれなければならないのか。

ネットの攻撃はそれだけではなかった。息子の高校時代の同級生で、同じ植村姓の青年が私の息子に間違われて顔写真をさらされ、「顔が気持ち悪いと話題に!!!」などとコメントが書き込まれていた。全く関係ない人までも巻き込んでしまった。謝ったがそれですむものではない。悔しくてならない。

「負けるな植村！」

私は人に助けを求めたことはこれまであまりなかった。

「契約はあるから後期は続けられるだろうが、北星学園大学の教職員たちの大多数は来年度はやめてもらいたいと思っている。私は頑張って応援するが、非常に厳しい状況だ」

新学期を前にした8月、私を応援してくれているある教員が嘆いた。危機が迫っている。でも北星は大好きだから、やめたくない。

取材を通じて知り合った市民運動関係の女性に「事態解決のために協力してほしい」と思い切って相談した。

「大学へ応援メールを出しましょう！」。その女性が知人やメーリングリスト、フェイスブックなどへ呼びかけ、北星学園大学への激励メールの送付運動が始まった。9月8日に送信された1通のメールは想像を遥かに超えて全国へ広がった。

同大学によると、応援メール運動が始まる前の8月までは抗議メールが807通で、激励メールは20通だった。しかし、9月以降は逆転し、10月までの2カ月では、抗議メールが333通、激励メールはその3倍の1011通に上った。

応援してくれる人々が私の周りに集まり始めた。取材でお世話になった方々もいたし、初対面の方々もいた。みな、私の説明を聞いてこうした異常な事態はおかしいと考えていた。その人たちが次第に結集し、北星学園大学を応援する会を発足する動きが生まれた。「北星学園大学や家族への脅し、攻撃は自由と民主主義へのテロ」だという深い憂慮を共有し、道内だけでなく全国から学者、ジャーナリスト、弁護士などが呼びかけ人となり会の発足が準備されていった。

とはいえ、私を取り巻く異常な事態はどこのメディアも取り上げなかった。朝日バッシングが大きな影響を与えたからだ。『週刊金曜日』が9月19日号で「元「朝日」記者の社会的抹殺を狙う〝テロ〟を許すな!」と報じたものの、大手マスコミは追いかけなかった。

9月30日、元朝日新聞記者の教授が勤務していた帝塚山学院大学(大阪府大阪狭山市)に脅迫状が届いていたことを、『毎日新聞』が報じた。この教授は記者時代、故吉田清治氏のことを記事にしていた。同教授を辞めさせるように求めた脅迫状は同月13日に届き、その日に同教授は辞職したという。この教授は外報部時代の上司だった。吉田清治氏を取材し、記事を書いた記者が、そのことで大学を追われることがあっていいのか。大きなショックを受けた。この事件が契機となり、私の事件も全国に報じられることになった。

北星学園大学を応援する会が、「負けるな北星!の会」(マケルナ会)として立ち上がったのは10月6日のことだ。この名称は最初に相談した女性が発案してくれた。私にとっては「負けるな植村！」でもあった。

マケルナ会は、作家の池澤夏樹氏や森村誠一氏、原寿雄・元共同通信編集主幹らも加わり、学者、ジャーナリスト、弁護士など43人（最終的に46人）が呼びかけ人となった。賛同人には野中広務・元自民党幹事長、上田文雄札幌市長（当時）らも名を連ね、発足時で401人だった。

東京と札幌で記者会見が行われた。

『読売』『産経』を含む各紙は社説で大学への脅迫を批判した。事態について多くの人が懸念と怒りを表明し、行動してくれた。マケルナ会の賛同は日本だけでなくドイツ、アメリカなど海外からも届き、ひと月あまりで1000人を超えた。自由人権協会や東京弁護士会、札幌弁護士会、日本ペンクラブなどさまざまな団体が声明を出した。全国の約380人の弁護士たちが北星学園大学を応援するため、11月7日、札幌地検に威力業務妨害罪で刑事告発を行った。

告発人共同代表の中山武敏弁護士は告発の前にこんなメッセージを発信した。

「（大学への）脅迫行為で報道の自由、言論の自由を封殺する状況を許せば再び何時か来た道へつながるのではと危惧しています。植村隆さん、娘さん、家族への酷い人権侵害も見過ごすことはできません。私たちの行動が平和と人権の確立をもとめる広範な世論づくりに役立てばと願っています」

私だけの問題ではないことを改めて痛感した。危機に直面した後に、さまざまな人から応援を受けることができた。勇気をもらった私は、直面している問題に立ち向かっていこうと決めた。

「これをきっかけに「慰安婦」とされた方々が生きておられる間に、植村さん自身がジャーナリストとして検証をする必要があるのでは」という趣旨のメールを札幌の秀嶋ゆかり弁護士からもらった。ふり返って気づいた。私は慰安婦問題に距離を置いていた。

1991年、私は韓国での名乗り出第1号の元慰安婦・金学順さんの登場前後の経緯などについて、「改めて日本に突きつけられた朝鮮人従軍慰安婦問題」と題して、大阪の雑誌『MILE』に記事を書きその最後をこう結んだ。

「太平洋戦争開戦から50年たって、やっと歴史の暗部に光が当たろうとしている。この歴史に対して、われわれ日本人は謙虚であらねばならないし、掘り起しの作業を急がねばならない。放置することは、ハルモニたちを見殺しにすることに他ならないのだ」

これは32歳の大阪社会部記者植村隆が、25年後の北星学園大非常勤講師植村隆に投げかけた言葉ではないか。「改めて日本に突きつけられた問題」というのは、私に対して突きつけられた問題でもある。

歴史の暗部を見つめようとする人々を攻撃し、ひるませようとする勢力が今の日本にある。それには屈しないと声を上げる人々もいる。お前も一緒に立ち向かえと、若き日の自分からハッパをかけられているのだ。

一筋の光、差別と闘う人々との出会い

「君を応援したいという弁護士がいる」。2014年10月3日、上京中の私に友人のジャーナリストから電話があり、こう告げられた。ちょっと、びっくりした。これまで、弁護士には自分から相談に行くものだと思っていたからだ。どんな弁護士だろう。2日後の5日、日曜日午前9時、JR秋葉原駅内の喫茶店で、その弁護士と会った。約束の時間通りに到着したが、初老の弁護士はすでに喫茶店の隅で私を待っていた。

「コーヒーはいかがですか」と勧めると、「いらない」と言う。もう1時間も前に喫茶店に来てコーヒーを飲み、朝食をとったのだという。優しい目をした弁護士は、ゆったりした雰囲気を漂わせていた。

私はテーブルに1991年8月に書いた慰安婦問題の記事や関連資料を広げて、「私は捏造などしていません」と詳しい説明をした。初老の弁護士は私の話をじっくり聞いた後で、笑顔でうなずいてくれた。そして、こう言った。

「あなたは日本の民主主義の宝です」。意外な言葉に驚き、恥ずかしくなった。私が「慰安婦」問題で他紙に先駆けて記事を書いたことを評価したうえで、励ましてくれたのだろう。闇夜の中で、一筋の光を見たような気がした。

「この人と一緒なら闘える」と直感的に思った。手を握らせてもらった。温かな手をしていた。朝の喫茶店には、ほかにもお客さんがいたが、涙が止まらなかった。

それが中山武敏弁護士（第二東京弁護士会所属）との初めての出会いである。中山弁護士は自分の生い立ちや、現在取り組んでいる裁判などについて話をしてくれた。70歳。九州の被差別部落で生まれ、福岡県立明善高校の定時制を出た後、中央大学法学部夜間部で学んだ。苦学しながら、弁護士を目指したのだ。司法修習生のころ、最高裁が一部の修習生を裁判官に採用しない「任官拒否」問題があり、その反対運動に没頭した。「虐げられている側」でというのが原点だという。東京大空襲訴訟の原告弁護団長を務めたこともあり、再審を求める狭山事件の主任弁護人でもある。

のちに中山弁護士が私に一冊の絵本を送ってくれた。『ばあちゃんのリヤカー』（福岡県人権研究所、2015年8月発行）という題名で、中山弁護士の母・中山コイトさんが部落差別と闘いながら、廃品回収業を続け、二男の中山弁護士ら3人の息子を育てた記録だ。父親の重夫さんは、部落解放運動に生涯をかけた。その解説文で、中山弁護士は父親のことを書いている。

「父は中国戦線の経験から、部落解放運動や平和運動に関わり、中でも子どもたちが部落差別に負けないようにするためにと、日本国憲法の「国民の権利」の条文を壁に貼って、毎日私たちに暗唱させせました。特に「第14条　法の下の平等」の規定は私の心を強くとらえました。（中略）狭山事件に関わることとは、父親の日本国憲法に対する思いを引き継いだ私の弁護士としての使命であると考えています」

狭山事件とは、1963年に埼玉県狭山市で女子高生が行方不明となり、死体で発見された誘拐殺人事件だ。容疑者として被差別部落出身の当時24歳だった石川一雄さんが別件で逮捕され、一審で死刑判決を受けた。二審では一転して無罪を主張したが、無期懲役判決を受け、77年に最高裁で確定した。しかし、石川さんは無実を訴え続け、いま第3次の再審請求が行われている。

私自身、4大死刑冤罪事件といわれる「免田」「財田川」「松山」「島田」のうちの松山事件の再審裁判を仙台支局時代に司法担当記者として取材したことがある。4つの事件とも再審が認められ、無罪判決が出された。その取材体験から、再審の壁がいかに厚いかということや、再審を求める元被告たちを支える弁護士たちの労苦の大変さも、よくわかる。

それにしても、狭山事件の再審を求め、多忙なはずの著名な弁護士が、なぜ私のことを気にかけてくれたのだろうか。

「ピアニストの崔善愛(チェ・ソンエ)さんからのメールで知ったのです」と中山弁護士は言った。在日韓国人3世で、福岡県出身の崔善愛さんは指紋押捺拒否運動でも知られる方で、中山弁護士とは旧知の関係だったのである。

不思議な縁を感じた。「崔善愛さんですか、まだお会いしたことはありませんが、よく知っていますよ」と話した。私のお気に入りのCDのひとつが、崔善愛さんの演奏を収録したCD

『ZAL(ジャル)』なのだ。ショパンのノクターン、カタロニア民謡の「鳥のうた」や韓国童謡の「故郷の春」などが入っている。一部メディアの激しいバッシングを受け続けていた私はこのCDをよく聴き、心を癒していた。会ったことはなくても、毎日のように彼女の演奏を聞いて、励まされていた。特にショパンの初期の代表作であるバラード第1番は大好きな曲だ。

私は地方支局時代や大阪社会部時代に、指紋押捺拒否運動を取材したことがある。在日外国人に対する差別で人権侵害だとして、当時、激しい反対運動が続いていた。

指紋押捺制度は、外国人登録法を制定し、在日外国人に外国人登録等の際に指紋押捺の義務を課したものだ。1952年に始まった。80年に東京都新宿区で在日韓国人1世が指紋押捺を拒否したことがきっかけで、反対運動が全国に広がった。日本政府は拒否者に対し、刑事罰や再入国許可を与えないなどの対応をとったが、反対運動は根強く93年1月には永住者・協定永住者に限って廃止され、その7年後には全廃された。ただ、2001年の米国での同時多発テロ(9・11事件)の影響で、出入国管理及び難民認定法が改定され、日本に入国する外国人に指紋提供が義務づけられた。

崔さんは21歳だった1981年に指紋押捺を拒否し、福岡地裁小倉支部で85年に罰金1万円の有罪判決を受けた。その後、再入国が許可されないまま、米国に留学した。特別永住資格も剝奪された。崔さんは、指紋押捺拒否裁判と再入国不許可取り消し訴訟の2つの裁判を闘い続け、2000年に特別永住者となり、永住権を取り戻した。崔さんは音楽活動だけでなく、平和と人権についても語り続けている。

14年9月8日に私の知り合いの札幌の女性が出した北星学園大学への応援依頼メールが、人を介して、そんな崔さんに伝わっていたのだ。

崔さんは、男が散弾銃で私の同期の小尻知博記者を殺害するなどした、1987年5月3日の朝日新聞阪神支局襲撃事件に言及し、北星・植村事件について加筆し、「北星学園大応援メールのお願い：植村さん(元朝日新聞記者)への応援として」という表題をつけて、9月12日に中山弁護士にも送っていた。

ちょうど、朝日新聞社の木村伊量社長が記者会見をした翌日のことだった。木村社長は、福島第一原発事故時に同原発の所長だった吉田昌郎氏に政府が聞き取りした「吉田調書」をめぐる『朝日』の報道に事実誤認があるとして、謝罪していた。崔さんのメールは、こんな内容だった。

「みなさま、どうしても、胸騒ぎのようなものがおさえられず……長文ですが、お許しください。昨日、そして今朝の朝日新聞の謝罪会見、嫌な予感というか、なにか恐怖すら感じてなりません。「慰安婦問題」と「吉田調書」を書いた、すぐれて果敢な記者らに向けての、執拗で異常な朝日たたきが、連日続いていますが、「密約事件」のときもそうですが、国家の責任を追及する記者を個人的に、(娘さんにまで)脅しをかける彼らが問われ裁かれることがないまま、この謝罪会見。かつて朝日新聞の若い記者が、右翼に殺され、その犯人は不明のまま時効になりましたが、この記者さんは、「指紋押捺拒否運動」を親身に報道していたそうです。そのことで右翼に「国賊」と思われていたのです。なんとおそろしい社会。わたしは、このことを絶対に許せないし、忘れません。異常な脅迫をつづける右翼(これをあやつる政治家)と週刊誌の人権侵害、まさに殺人行為だと思います。朝日新聞社が、このような優れた記者らをどのように守ることができるのか、わかりませんが、とにかく、いま、わたしに出来ることは、記者さんの生活がこれ以上脅かされることのないよう、手紙やメールで、応援している人がいることを知らせる、ことしかできません。指紋押捺拒否運動があれだけ広がりを見せたのは、ともに闘った記者が多くいたことを改めて思っています……。以下、メディア関係者からの応援要請の転送です。ぜひ、北星学園へ……、一緒に応援できれば、うれしいです。……崔善愛」

中山弁護士は崔善愛さんからのメールを受け取った後、さらに札幌の知人2人からも別々に応援依頼メールを受け取った。「3通も受け取り、やらなければならない」と考え、マケルナ会の賛同人となったのだった。

2014年1月末に『週刊文春』に「捏造記者」と報じられて以来、私は訴訟を検討してきたが、弁護団づくりは難航していた。しかし、この時の中山弁護士との出会いから、一気に進み始めた。中山弁護士を中心に植村問題をめぐる弁護団会議が東京で開かれるようになった。4回目となる12月9日の弁護団会議を前に、中山弁護士は呼びかけ文で、訴訟の意義について、こう書いていた。

「この訴訟は植村さんの名誉回復、不当な人権侵害を擁護すると共に日本の民主主義、平和と人権にかかわる重要な歴史的意義を有する訴訟になると思います。右翼勢力、右翼ジャーナリズムからの攻撃も覚悟しなければならず、党派、所属を超えて広範な全国的な運動をつくりだしていくことが求められると思います」

この4回目の会議で、中山弁護士が植村弁護団の団長になることが決まった。私を支援する弁護士たちもまたネットなどでバッシングされる可能性は大きい。「大丈夫ですか」と尋ねる私に、中山弁護士は「私はもう9月に墓石をつくりました」と意外な言葉を発し、私の取材ノートにこう書いてくれた。

「人ハ只一生ニ一死有リ　生ヲ得テ意義ヲ要シ　死ヲ得テ価値有リ」

「中国の新民主革命の時の活動家の詩で、父が死去の際に書き遺していたものです。父と私の座右の銘です」と中山弁護士は言った。一度だけの人生、意義のある生き方をしたいという意味だろう。

「広範で大規模な弁護団をつくる」と中山弁護士は精力的に動いてくれた。弁護士資格を持つ小林節慶応義塾大学名誉教授にも12月10日に会い、弁護団に入ってもらうことになった。小林さんは改憲論者で、かつて自民党のブレーン的な存在だった。『産経新聞』の「正論」メンバーでもあった。若いころは研究員としてハーバード大学でも学んだ。しかし、いまは安倍政権の解釈改憲などのやり方に激しく反対していた。

小林さんは、マケルナ会の呼びかけ人になったことや植村弁護団に入ったいきさつなどを、のちに公開の場で語っている。２０１５年3月10日、札幌市教育文化会館で行われたマケルナ会主催の小林さんの講演会「なぜ私は自由に生きるのか」の席上だ。

「慰安婦問題の記事で攻撃を受けている植村の支援に加わってもらえないか」という知人からの電話を受け、瞬間的に「嫌だ」と思った。「慰安婦問題の右と左の両極端の論争にうんざりしていたからだ」。しかし、資料を見て支援を決めたという。

小林さんは講演会で、こう振り返った。

「関連した資料を全部あらためて3度も4度も見たかぎりでは、一度も「捏造」ということは証明されていない。西岡さんという教授は植村さんの記事だけ取り上げて、捏造したと立証もせずに断定し、櫻井よしこさんも一緒になって、植村記者を悪人呼ばわりしている。私憤ではありません。公の怒りです。こんなことがあっていいのか、という怒りです。義において助太刀いたす、という関係になってしまったわけです」

ところが植村弁護団に入ったことで、右派の人々の間では大騒ぎになったという。その様子を小林さんはユーモラスにしゃべった。

「じゃんすか電話がきて「おい、小林。おまえ、国賊の植村の弁護団におまえの名前がある、間違いじゃないか」「間違いじゃありませんよ」「あいつ、国賊だぞ」。国賊、すごいですね。非国民の世界ですよ。こんな言葉をじかに聞くとは思わなかった。面と向かって「あのさ、ちょっと聞きたいんだけどさ、あれって本当？　信じられないんだけど。新聞とかテレビとか週刊誌で、あんたの顔を植村の横でみたけど、本当？」ってな話なんですね。向こうが聞いてくれる場合は、私は説明をしました。箇条書きで、A４一枚の紙に書いたものを用意して、激高している人には、「ちょっとこれ、まず、だまって10分読んでくれない」と言って読んでもらってから話をする。それで多くの人は「納得した。あなたが理由があってやっていることなんだ」ですね。あとの何人かはですね、実はわかっていないいんだけども、僕のオープンな姿勢に負けてしまって、「うん、わかったよ」」

その後、小林さんは「理不尽なことを許せない」と言って、左手に指がないという自身の障害の話をし始めた。「いつになったら私の指が生えてくるのかと聞いて母を泣かせてしまった記憶がある」。この障害で、幼いころに受けた差別のことにも言及した。涙をこぼしながら、話し続ける小林さんの姿に会場は静まり、私もまた涙がこぼれた。

講演を聞きながら、小林さんの反骨の生き方の背景がわかった。「理不尽なことを許さない」という熱い気持ちが根っこにあるのだと。

一筋の光，差別と闘う人々との出会い

小林さんは、中山弁護士と最初に会ったときのことも、札幌の講演会で触れた。

「ずっと部落差別のなかを生き抜いてきた70代の立派な弁護士がいるんですね。人権派弁護士と文献上で知って尊敬していたんですが、その方に指名されて呼び出されて、おそるおそる、実は初めて見られるので、楽しく会いに行ったんですが。会ったとたんにそのおじいさんが好きになりまして、その弁護団に入ったんです」

小林さんは、中山弁護士に会う前にこんなメッセージを送っている。中山弁護士が弁護団会議の資料として関係者に見せてくれたものだ。

「私は先天的障害児として差別（苛め）の中を生きてまいりました。ですから、自然に求めて憲法学者になったのですが、慶応とハーバードの校風・人脈から、体制側に近いところに長居いたしました。しかし、権力者の傲慢をイヤという程見せられ、60歳の頃（5年前位）から、妥協せず信ずることを語り切って生きて死にたいと思うようになりました。（中略）先生の正義の闘いに参加させていただけることを光栄に存じます」

この小林さんの言葉は、中山弁護士の座右の銘「人ハ只一生ニ一死有リ　生ヲ得テ意義ヲ要シ　死ヲ得テ価値有リ」にも通じるようだ。経歴は全く異なるものの、差別と闘ってきた中山、小林の両弁護士が、私の問題で出会い、心を通じ合って、共に私を支えてくれることになった。一筋の光が、幾筋の光に広がっていく。こんなに心強いことはなかった。

小さな大学の大きな決断
――脅迫には負けないことを表明した北星学園大学

「あの元朝日（チョウニチ）新聞記者＝捏造朝日記者の植村隆を講師として雇っているそうだな。売国奴、国賊の。朝鮮慰安婦捏造記事がどれ程日本国、国民の利益を損なったか？　植村の居場所を突き止めて、なぶり殺しにしてやる。すぐに辞めさせろ。やらないのであれば、天誅として学生を痛めつけてやる」

こんな内容の脅迫状が北星学園大学の学長・理事長宛に届いたのが、２０１４年5月29日。その後に学長室に呼ばれた私は、大学当局者から脅迫状のコピーを手渡された。下品で卑劣な言葉が書きつらねられていた。

大学気付で私宛にハガキも4通送られてきた。「出ていけこの学校から　出ていけ日本から売国奴」「史上最低の新聞記者は捏造記事を書き日本を貶めのうのうと生きている」などと書かれていた。

私は現役記者時代の12年春から北星学園大学で非常勤講師をしている。担当は留学生向けの「国際交流講義」だ。新聞を使った社会事情の勉強、ギャラリーやコンサートに出かけて芸術に親しんだり、そば打ちをしたりなど体験型の講義も行っている。「慰安婦」問題は教えていない。14年3月末に朝日新聞社を早期退職してからは、仕事はこれだけになった。その年の春から、異変が起きた。「植村を辞めさせろ」という抗議電話や抗議メール、脅迫状などが同大学に相次いだのだ。大学の前では抗議の街宣活動やビラまきも行われた。7月末にも再び脅迫状が送られてきた。

私への批判の矛先が北星学園大学にも向けられたのだ。学生数約4200人の小さなキリスト教系大学は、植村問題に巻き込まれ、翻弄され続けた。

こうした抗議で、北星は非常に疲弊していた。学内の教職員の間では、「植村氏の来年度の契約更新はすべきでない」という声が強まり、私を支援する数少ない教職員たちは危機感を強めていた。

2014年の夏、こんなことがあった。

『週刊文春』は2月6日号の記事の後もしつこく私を追跡していた。8月1日には『週刊文春』編集部から、こんな質問状が北星に届いた。

「植村氏をめぐっては、慰安婦問題の記事をめぐって重大な誤りがあったとの指摘がなされていますが、大学教員としての適性には問題ないとお考えでしょうか」

1月に神戸松蔭女子学院大学へ取材申し込みをした記者と同一人物だった。松蔭への質問にあった「意図的な捏造」という言葉は消えていたが同じような質問だった。

それに対し、北星は8月4日、「本学の基本理念および学問の自由、思想信条の自由、学園自治を重視するスタンスから、非常勤講師についても、その立場を最大限尊重するとの姿勢を大切にしております。なお、本学としては、あくまで中立・客観的な立場であり、個別の内容について何らかの評価を下す立場にはございません」との回答をした。毅然とした姿勢だった。

『週刊文春』記者は、田村信一学長にも取材した。同誌は8月14日・21日号に「慰安婦火付け役　朝日新聞記者はお嬢様女子大クビで北の大地へ」という見出しでこういう記事を書いた。

「誤りがあったかも知れませんがそれは彼の長い記者人生のなかでごく一部のこと。それだけで彼を評価するのはどうかと思います」

いわゆる従軍慰安婦問題の〝火付け役〟となった元朝日新聞記者の植村隆氏を非常勤講師として迎え入れた札幌市内の大学の学長はそう庇ってみせた」。田村学長の別の発言も紹介している。「韓国からの留学生に韓国語で講義できる人材を北海道で確保するのはたいへんです。その点、彼は韓国語に堪能で、うってつけの人材だと思っています」

私に対して好意的な発言が報じられたことで、田村学長もまたネットで激しくバッシングされた。田村学長の写真がさらされ、デマを交えて、こう学長を非難していた。「植村発の従軍慰安婦が世界を駆け巡り、アメリカのあちこちに慰安婦像が建てられ日本と日本人の名誉が傷つけられ、日本人の子どもたちがいじめにあってるんですよ？　日韓の歴史すら歪めてしまって、それは過去完了ではなく現在進行形でその弊害を日本人は味あわ(ママ)されているのですよ？

それが教育者の発言か」

10月31日、田村学長は記者会見を開き、私とは来年度の契約更新をしないという意向を表明した。「学生の安全が第一だ」という思いが、そうした発言の最大の理由だと思う。のちに、「これは学内決定をしたのではなく議論のたたき台として提起したものです」と説明しているが、確かに学長は何回かの学内会議で、私の雇用を打ち切る機会があったにもかかわらず、決定を先送りにしてきた。

私は決定が一日でも延ばされることをずっと祈っていた。最大の理由は、『文藝春秋』2015年1月号に手記を寄稿したからである。「慰安婦問題「捏造記者」と呼ばれて」と題した27ページにわたる長文の手記で、私が捏造記事を書いていないということを、証拠をあげて詳しく書いたものだ。西岡力氏の言説への反論も込めている。その発行日が12月10日だった。その手記が出れば、田村学長にも読んでもらえる。「捏造でない」という私の説明が伝わるという気持ちがあったのだ。

6月に一部の教員対象に自主的な説明会が学内で行われ、理解を深めてもらった。私を応援してくれる教員が主催してくれた。しかし、田村学長には直接説明する機会が全くなかった。

12月10日、『文藝春秋』が発売された。翌日、私は1冊を持って、北星に向かった。11日は私の留学生の日本語スピーチ大会の日でもあった。それを聞き、学長にも会って『文藝春秋』

を渡そうと思ったのだ。4日前、教え子の一人から、「11日に日本語スピーチ大会があります。私も発表します。学長先生もいらっしゃいます」と聞いたからだ。スピーチ大会では教え子2人が私の問題に言及した。

韓国からの留学生、姜明錫(カン・ミョンソク)君(24)はこんなスピーチをした。

「言論と大学の自由が保たれない社会が、とても個人の自由を主張できる社会だとは思いません。そして、日本が自由でなければ、隣の国である韓国もそういう影響を受けることに間違いないと思います。(中略)この国の自由のために、植村先生が解任されないように応援していただきたいと思います」

私は姜君らに、私を擁護するようなスピーチをしてくれと頼んだことはなかった。そもそも私は留学生に教えられるまで、スピーチ大会があること自体知らなかった。彼らが自発的に私を応援してくれたのだ。教え子のスピーチの写真を撮りながら、涙が止まらなかった。

学長はスピーチ大会には姿を見せていなかった。しかし、連絡があり、学長室に呼ばれ、久しぶりに面談した。『文藝春秋』を渡そうとすると、田村学長は「読みました。いろいろ苦労されたのですね」と言ってくれた。私は学長に対して謝った。「学長こそ苦労されました。私の問題に巻き込まれ、ネットでバッシングされて、すみませんでした」

すると、学長はこう言った。「個人的には闘う気持ちもあります」。私はこの言葉を聞いて、感激した。手記を書いてよかったとしみじみ思った。

2日後の13日午後、教職員有志の会と大学院生のグループが学内で開いた学習会に講師として参加した。「契約更新反対派の先生たちも近くにいますので、すれ違わないようにしましょう」。主催者の一人にそんな内容の話をされた。なんだか、秘密会議みたいな雰囲気で、学習会は行われた。少人数だったが、学部生も顔を出してくれた。私は『文藝春秋』の手記のコピーや当時の記事などを使って、「私は捏造記者ではない」ということを説明した。

同日夜、参加者の大学院生から、こんなメールをもらった。「やはり先生のお話を直接聞くことで、私たちの士気が一層高まりましたし、新しい論点を加えてくださったことも嬉しいです。学部生たちも理解が深まり事態の印象が大きく変わったと話していました」

「直接、訴えることが大切だ」と改めて思った。北星学園大学内には、今回の「契約更新」に賛成していない教職員の方々が多数いるのは十分承知している。今後は、そういう人たちに直接会って、「捏造記者ではない」ということを説明していきたいと思った。

10月には、市民団体「負けるな北星！の会」が結成され、11月から始まった全国の弁護士たちの支援活動などが大きな支えになり、「大学の自治を守れ」「学問の自由を守れ」「脅迫に負けるな」の声が学内にも徐々に広がった。

こうした中で、田村信一学長と大山綱夫理事長は12月17日に大学で記者会見を行い、私の継続雇用を発表した。北の小さな大学が脅迫に対する勇気を示した瞬間だった。

2人の連名で発表された文書は記者会見場で配付され、同日付で、同大のＨＰにも掲示されている。深く含蓄のある言葉が込められ、こう書いている。

「大学内外を取り巻く状況を勘案すると、暴力と脅迫を許さない動きが大きく広がり、そのことについての社会的合意が広く形成されつつあり、それが卑劣な行為に対して一定の抑止力となりつつあるように思われます。このような状況からも、本学として主体的に判断した次第です」

北星問題への関心の高まりに言及し、「民主主義の根幹をなす言論の自由および大学の自治が危機に陥っているとの認識が多くの人々に共有され、われわれの予想を超えた大きなうねりとなって広がってきました」と評価している。大学を支えるため脅迫行為を刑事告発した全国380人の弁護士たちのことや札幌弁護士会や東京弁護士会の声明、さらに「負けることがないような対応を考えていただきたい」と述べた下村博文・元文部科学相の閣議後の会見での発言などが、そうしたうねりの代表的なものだと具体的に指摘している。

この文書では、学内に深刻な意見の対立があったことも正直に記している。キリスト教の建学の精神から社会的責任を果たすべき教育機関として、暴力と脅迫による弾圧を許すべきでない——などの「契約更新賛成」派の意見、学生の安全や平穏な学習環境維持のためにも、事態を早急に収束すべきだという「契約更新反対」派の意見を併記している。そのうえで、「どちらか一方が正しいという問題ではなく(中略)それぞれが正当な根拠を有している」としたうえで、「主体的に判断した」としている。学内には依然として、私を「やめさせた方がいい」という意見も根強い。そうした意見に配慮したバランスをとった表現だと思う。この文書はこの間の北星の葛藤と決断を余すところなく示している歴史的な文書である。敬意を表して、「北星12・17文書」と呼ばせていただく。

北星12・17文書はひとり北星学園大学のみならず、大学自治を語るうえで、日本の大学史上に残る重要な文書に位置づけられるのではないだろうか。

私は2人の決断に感謝した。そして、こんなコメントをマスコミ向けに発表した。

「これからも学生たちと授業ができることを、何よりもまず嬉しく感じています。23年前に私が書いた慰安婦報道記事が「捏造」などと誹謗中傷批判され、大学への脅迫などが行われました。大学も被害者であり、学長はじめ関係の方々は心身ともに疲弊し、ご苦労されてきました。そのような辛い状況を乗り越え、脅迫に屈することなく今回の決断をされたことに、心から敬意と感謝を表します。大学の決断に応えられるよう、良い授業を行っていきたいと思います。私は「捏造」記事など書いていません。最近発売された月刊誌で手記を発表し反証しましたが、これからも、不当な攻撃に屈することなく闘っていくつもりです」

12月17日、学長と理事長の「契約更新」発表の後、一通の声明が発表された。4日前に学習会で私の話を聞いてくれた大学院生たちがつくる「北星・学問の自由と大学の自治のために行動する大学院生有志の会」が出したものだ。

「この度、元朝日新聞記者の非常勤講師の雇用継続が決定されたことを受けて、私たち「行動する会」は、本学の決断に心から賛同し、喜びに沸いております。私たちは、こうした社会正義を貫く勇気ある北星学園大学の大学院生であることに、誇りを感じております。学問の自由と大学の自治、学内の安全を守るために、学長は大変困難な立場におられましたが、私たちが要望していたように、学内での広範な議論を踏まえて再考されました。これに、心より感謝を申し上げます。そして、建学の精神を体現する本学の姿勢に倣い、私たちも体現するためのたゆまぬ努力をいたします」

院生たちの声明を読みながら、胸が熱くなった。これもまた、私にとって重要な「歴史的文書」になった。

弁護団誕生、訴訟への長い道のり

私が訴訟を考えたのは、神戸松蔭女子学院大学への転職が絶たれた2014年2月ごろのことだ。

神戸松蔭への転職がだめになった後でも、私は大学教員への転職を依然として希望していた。著作もあるし、大学での教育経験もある。さらに、社会人ながら大学院博士後期課程在学中でもある。こうした条件は応募の際の有利な材料である。しかし、日本の一般雑誌で最大発行部数を誇る雑誌『週刊文春』による「慰安婦捏造記者」というレッテル貼りは、教員採用に大きなマイナスになることは明らかだ。このままでは、教員公募で採用される可能性はほとんどない。再就職の道を開くためにも、『週刊文春』や西岡氏に対して、名誉毀損訴訟で勝利するしかないと考えた。裁判所が「捏造記者ではない」と認定することで、いわば私の「無実」を証明できるからだ。

また、西岡氏は「植村バッシング」の元祖であり、1992年から植村批判を続けている。それに触発され、ネット世界では、私の「捏造記者」像が拡大している。その発信元に強い反省を求めたいという思いがあった。ジャーナリズム研究や教育に第二の人生をささげたいという願いを叶えるには、最大の「第三者機関」である、裁判所に救済を求めるしかないと思った。

さまざまな思いが重なって判断したが、その理由を整理すると、大きく言って、3つある。①『週刊文春』の記事や、西岡氏の言説で、私の社会的な名誉が大きく失墜した。その法的な責任を問いたい。②名誉毀損訴訟で勝利することによって、私を「捏造記者」と書くことは「名誉毀損」となり、私の家族や大学へのいやがらせや脅迫を止められる。③裁判所で、「捏造記者でない」と証明されれば、ジャーナリズム研究者として、別の大学への再就職の道が開ける――と考えた。

転職が正式に取りやめになった後の3月上旬、朝日新聞本社との窓口になってくれていた本社内の同僚からこう言われた。

「朝日新聞に戻る気はないのか。退社は3月末だし、前例はあると思う」

私は当時、55歳。転職のため、早期退職する予定で、その手続きを終えていた。

私は彼に聞いてみた。

「もし朝日に戻ったら、名誉毀損訴訟はできるだろうか」

彼の見立ては、「難しいだろう」ということだった。朝日新聞社は社員の訴訟に関して、消極的な姿勢だという。そもそも、『週刊文春』問題が発生し、社員である私が「捏造記者」と報じられても、会社の顧問弁護士に会わせてもらう機会もつくられなかった。

私は「捏造記者」というレッテル貼りをされたまま、記者活動を続けるのは、耐えられないと思った。しかも社員に戻れば、かりに裁判を起こしたとしても、裁判のための時間がとりにくくなる。予定通り、早期に退職した。その一方で、出身母体である朝日新聞社の慰安婦問題取材班の検証結果を待ち望んだ。

2014年8月5日、「慰安婦問題を考える(上)」という検証記事の中で、私の記事については「事実のねじ曲げない」と発表された。名誉回復が図れるかもしれないと期待した。また、検証記事の後でも私を「捏造記者」と書いた週刊誌2誌に朝日新聞社は8月6、7日の両日、強い抗議をしてくれた。

1度目は、光文社の写真週刊誌『FLASH』の8月19日・26日号に掲載された「「従軍慰安婦ねつ造」朝日新聞記者の〝教授転身〟がパー」の見出しの記事についてだ。

2度目は『週刊文春』8月14日・21日号に対してである。2月6日の続報として、「慰安婦火付け役　朝日新聞記者はお嬢様女子大クビで北の大地へ」という見出しの記事を掲載した。その中で、私が北星学園大学で留学生向けの講義をしていることに言及し、最後を「自らの捏造記事を用いて再び〝誤った日本の姿〟を刷り込んでいたとしたら、とんでもない売国行為だ」と結んでいる。

印象操作を狙った、悪意に満ち溢れた記事である。この記事への抗議を、8月7日『朝日新聞』の朝刊で、こう報道している。


「週刊文春に朝日新聞社が抗議「捏造、一切ない」

6日発売の『週刊文春』8月14日・21日号に掲載された記事で、元朝日新聞記者が書いた慰安婦に関する記事を「自らの捏造記事」と表現したことについて、朝日新聞社は同日、根拠なく捏造と決めつけ、朝日新聞社の名誉と信用を著しく傷つけたとして、週刊文春の編集人に抗議するとともに、謝罪と訂正の記事掲載を求める文書を送った。

朝日新聞社広報部は〈5日付朝日新聞の特集「慰安婦問題を考える：上」で報じた通り、慰安婦問題を報じた記事に朝日新聞記者による捏造は一切ありません〉としている」

「捏造、一切ない」という断言には大きな勇気をもらった。しかし、インターネットや一部メディアでは、植村バッシングは収まらなかった。

西岡氏自身も、植村批判・朝日批判を繰り返していた。10月28日の『産経新聞』は、「朝日の検証が、植村の記事に「事実のねじ曲げない」としたこと自体が、事実のねじ曲げだ」と西岡氏のコメントを紹介している。

『朝日新聞』自体も、吉田清治証言の報道記事を取り消したことで、逆に激しいバッシングを受け、萎縮しはじめたようだった。「捏造」報道に対する抗議は、この2本の小さな記事だけで、その後は載らなくなった。

もはや、『朝日』の報道に頼るわけにはいかなかった。

やはり、裁判を起こすしかない――。激しいバッシングの中で、私はそう思った。しかし、なかなか代理人の弁護士が決まらなかった。朝日新聞社が著作権を持つ記事で、攻撃を受けているのだから、朝日の顧問弁護士が、相談に乗ってくれるのかと考えたが、そんなに簡単ではなかった。顧問弁護士に会わせてもらえるような会社のシステムにはなっていなかった。

東京本社内の同僚が、2014年3月に数人の弁護士の名前をあげて、紹介してくれた。そのうちの一人に相談したところ、ほかの弁護士も加わってくれた。しかし、なかなか弁護団づくりには至らなかった。

名誉毀損の訴訟で勝ちきるのは、簡単なことでないことは私も承知していた。その上、激しいバッシングを受けている人を弁護する場合は、代理人自身も攻撃にさらされるリスクがある。

相談した弁護士たちも、中々結論を出せないでいた。相談してから、数カ月がたち、私も不安にさいなまれた。

そんな中で、9月から大きな動きがあった。北星学園大学への脅迫事件が『週刊金曜日』や『読売新聞』で報道され、徐々に、北星問題が全国に知られるようになった。また、『朝日新聞』が福島第一原発事故の「吉田調書」をめぐる記事を取り消した問題で、海渡雄一弁護士や中山武敏弁護士ら、人権問題や原発問題にかかわる弁護士9人が、報道した記者を処分しないように同月26日に朝日新聞社に申し入れた。こうした動きの中で、この弁護士たちが私の問題にも関心を持ってくれるようになった。

『朝日』の先輩記者から、札幌に住んでいる早稲田大学出身の秀嶋ゆかり弁護士を紹介され、面談したのは9月27日だった。私より1学年下で、学生時代には『ワセダタイムズ』という学生新聞を作っていた人だった。リベラルで、批判精神旺盛な学生新聞だった。秀嶋弁護士は、私の話をよく聞いてくれ、私の娘への攻撃についても、親身になって心配してくれた。

ちょうど、その日、海渡弁護士が泊原発訴訟の集会の講師として、札幌を訪問していた。海渡弁護士は長年、反原発訴訟にかかわってきた方で、日弁連の事務総長も務めた。秀嶋弁護士との面談の後に、知人の紹介で一緒に昼食をとることになっていた。その予定を秀嶋弁護士に告げると、「知りあいなので、一緒に行きましょう」という話になった。

海渡弁護士に詳しい状況を説明した。丸顔の海渡弁護士はニコニコとした表情で、こんなアドバイスをしてくれた。「この事件は、たくさんの弁護士に参加してもらい、卑劣な攻撃を撥ね返すような運動にすべきだ」。その指摘は、植村弁護団の結成につながっていった。

日弁連の副会長を務めたこともある伊藤誠一・元札幌弁護士会会長の事務所を訪ねたのは、9月12日夜だった。伊藤弁護士は午後10時半から午前0時まで1時間半にわたって私の話をじっくり聞いてくれた。そして、協力を約束してくれた。古武士のような風格を漂わせていた。

伊藤弁護士は歴代の札幌弁護士会会長経験者を精力的に説得し、北星学園大学を応援する14人連名の緊急アピール(10月6日)発表にも尽力してくれた。10月10日、札幌弁護士会会長声明(田村智幸会長)が出た。

会長声明では北星や私への脅迫行為が「民主主義の基盤を根底から覆しかねない」と指摘し、「当会は、このような人権侵害行為、ひいては憲法秩序への挑戦に対して、これを抑止・根絶するための取組みを推し進めていく」と言っていた。地元の弁護士会が、この問題に自ら取り組むと宣言してくれたのだ。こんなに心強いことはない。

伊藤弁護士や秀嶋弁護士が核となり、札幌でも弁護士が集まりはじめた。

東京では前述したように中山武敏弁護士が中心となって、弁護団づくりが本格的に始まった。私と初めて会った5日後の10月10日に7人の弁護士が集まって、私の問題を話し合ってくれた。「戦後民主主義擁護の大きな運動の一環と位置づけられる」という意見が出たという。

私も連絡を受けて、上京し、10月15日に日弁連会館で弁護士らと面談し、状況を説明した。

年内に6回も弁護団会議を重ね、急ピッチで訴訟の準備を進めた。

11月5日、私は3月から相談をしていた弁護士の方々に、それまでの感謝とともに弁護団結成を知らせるメールを送った。こんな内容だった。

「植村を取り巻く「異常な事態」では、何者かが、植村の勤務する大学に植村の首切りを求めて、脅迫状を送りつける事態になりました。この事件では、中山武敏先生ら23期の弁護士の方々が中心となって、植村を応援するため「勝手連」的に全国弁護団を組織してくださり、北星学園大への脅迫問題で、捜査当局に集団告発をする動きとなっています。7日に告発状を提出し、東京と札幌で記者会見をされます。こうした動きに関連し、中山先生から、「名誉毀損訴訟についても支援する」との意思表明をいただきました。今回の集団告発は100人以上の弁護士が賛同してくれることになりそうです。こうした全国的な運動との連携で、名誉毀損訴訟も行う方がいいとのアドバイスを受け、私自身もその方がいいと判断しました。私の問題は単に週刊文春への名誉毀損訴訟の問題ではなく、他の右派メディアの報道、ネットなどの誹謗中傷問題など多岐にわたり、広範で深刻な問題となっています。ただ、週刊文春を相手にだけして、テクニカルに勝てばいいという段階ではなくなってきました。このため、言論を通じた様々な戦いも必要ですし、歴史修正主義およびヘイトスピーチと闘う、大型裁判という位置づけにしなければならないと、思うようになりました。時間もかかりそうです。このため、私の名誉毀損訴訟は今回の集団告発の共同代表の方々と連携をとった形の弁護団にしたいと思います。これまで半年以上にわたり相談に応じていただき、感謝しております。貴重なアドバイスもたくさんいただきましたので、それを今後の参考にさせていただきたいと思います。本当に感謝しております。ありがとうございました。これからもよろしくお願いします」

ある弁護士の方からこんな内容のメールが返ってきた。

「『週刊文春』を相手にだけして、テクニカルに勝てばいいという段階ではなくなってきました」と書かれている状況認識に全面的に同意致します。長く深い戦いになると思いますが何らかの形でお役に立つことができればと存じます」

それまでの相談費用も無償にしてくださった。ありがたい、励ましだった。

11月9日には、資料を抱えて、弁護団の事務局長となってくれる神原元弁護士の川崎の事務所を訪ねた。神原氏はヘイトスピーチと闘う弁護士として知られている。

東京での訴訟提起は2015年1月9日を目標にすることになった。

被告は西岡力氏と『週刊文春』を発行する株式会社文藝春秋だ。弁護団体制は、団長が中山武敏氏。副団長は海渡雄一氏、東京大空襲原告訴訟の事務局長で東京弁護士会副会長を務めた黒岩哲彦氏、性暴力問題に長年取り組み、明治大学法科大学院の教授も務めた角田由紀子氏の3人。元日弁連会長の宇都宮健児氏や『報道被害』(岩波新書)の著書もある梓澤和幸氏らが、常任の立場で参加してくれることになった。中山団長は弁護団のメンバーに、「全国の多くの弁護士に弁護団加入と訴訟支援の呼びかけを行いたいと思っています」と訴えていた。

1月末に『週刊文春』に記事を書かれてから9カ月。期間的にはさほど長くなかったが、それまでの道のりは、長く、厳しいものだった。いよいよ裁判である。「絶対に負けられない」。そう、自分自身に言い聞かせた。

第5章

「捏造」というレッテルが「捏造」

西岡力氏への反証

大学教授への転身が難しくなったころ、私への批判を続ける西岡力氏の本を購入した。『増補新版　よくわかる慰安婦問題』（２０１２年12月、草思社文庫）というものである。

私についてこう書いてあった。

「私はこの植村記者の悪質な捏造報道について、92年以降、繰り返し雑誌や単行本に書き、テレビの討論番組や公開講演会などで実名をあげて批判してきた。しかし、朝日新聞は今日に至るまでも一切の反論、訂正、謝罪、社内処分などを行っていない。それどころか、後日、植村記者を、こともあろうにソウル特派員として派遣し、韓国問題の記事を書かせたのだ。この開き直りは本当に許せない」

西岡力氏は私を処分すべきだ、と主張していたのだ。その憎悪の深さに、慄然とした。

著書などによれば、西岡氏は１９５６年生まれ。国際基督教大学（ＩＣＵ）を卒業した後、筑波大学大学院地域研究科を修了。韓国・延世大学校の国際学科に留学したこともある。在韓日本大使館専門調査員、月刊『現代コリア』編集長も歴任した。現在は東京基督教大学(千葉県印西市)の教授を務めている。「北朝鮮に拉致された日本人を救出するための全国協議会(救う会)」の会長としても知られ、『東京新聞』(2006年9月9日)が、安倍晋三氏のブレーン「5人組」の一人と報じたこともある。西岡氏はその見立てを否定しているが、安倍氏の考え方に近いことは間違いないだろう。

私に関する西岡氏の主な論文を表にしてみた。西岡氏は『文藝春秋』92年4月号の論考の中で初めて、「重大な事実誤認」と私の記事を批判した。その後、『諸君!』97年5月号では「まったくのウソを大きく報じた」、雑誌『正論』98年7月号では「捏造記事」、2006年7月号の『諸君!』では(サンゴ落書きより)「何十倍する悪質な捏造記事」と書いた。同じ記事を対象にしながら、過失による「誤認」から故意の「捏造」へと表現をエスカレートさせていったのだ。

92年の評価が98年から変化したのはなぜか。この間に何があったのだろうか。西岡氏は私がソウル特派員になったので、批判を再開したと説明している。しかし、それだけでは「過失」を「故意」に変える理由にはならない。

ちょうどこの90年代後半から、慰安婦問題をめぐる歴史修正主義のバックラッシュ(反動)が

〈植村を批判した西岡力氏の主な論文・著書・発言など〉

雑誌名／出版社	発行	「論文タイトル」／『書名』	植村への言及について
『正論』	1992年4月号	「慰安婦と挺身隊と」	植村記事に言及なし
『文藝春秋』	1992年4月号	「「慰安婦問題」とは何だったのか」	「重大な事実誤認を犯している」
亜紀書房	1992年8月5日	『日韓誤解の深淵』	Ⅶ章で『文藝春秋』92年4月号論文を転載し、終章で「朝日新聞も植村記者本人も一切反論をしてこない。反論ができないなら当然、紙面で訂正と謝罪をするべきだと思うがそれもない」と批判
『サピオ』	1997年1月15日号	「少女慰安婦12歳「朝日のスクープ」ほか日韓マスコミの〝誤報の競演〟」	「自分の義理の親の裁判に有利になるような「スクープ報道」をしたとしか考えられない」などと批判
亜紀書房	1997年2月10日	『コリア・タブーを解く』	Ⅹ章で「日韓対話を妨げる慰安婦問題」と題して論文掲載。だが、植村記事に言及なし
『諸君！』	1997年5月号	「「慰安婦問題」すべての感情論を排す　誰も誤報を訂正しない」	「まったくのウソを大きく報じた」と指摘
『正論』	1998年7月号	「慰安婦「国家賠償」判決を支える大新聞の罪」	「捏造記事」「捏造報道」と表現し始める。「朝日は植村・現ソウル特派員の捏造記事について社内調査の上、公式謝罪と関係者処分を行うべきだ」と結論で主張
徳間文庫	1998年9月15日	『闇に挑む！』	12章で『朝日新聞』批判の論稿掲載。初出は『正論』98年7月号。
PHP研究所	2005年6月6日	『日韓「歴史問題」の真実』	「私は翌平成4年の『文藝春秋』(4月号)と同年出版の拙著『日韓誤解の深淵』(亜紀書房)で、(略)『朝日新聞』に訂正を求めましたが、現在に至るまでもそれはなされず、それどころか植村記者はその後、ソウル特派員を経て、北京特派員として継続して韓国・朝鮮問題について記事を書き続けています」などと指摘

『諸君！』	2006年7月号	「『従軍慰安婦』に賠償せよ」と言われたら」	(サンゴ落書きより)「何十倍する悪質な捏造記事」
草思社	2007年6月28日	『よくわかる慰安婦問題』	「朝日の記者がサンゴに落書きをつけて、その落書きを見つけたと捏造報道したときには、社長が辞めたけれども、植村記者の捏造は自分が特ダネを取るためにウソをついただけではなくて、義理のお母さんの起こした裁判を有利にするために、紙面を使って意図的なウソを書いたということだから、悪質の度合いも2倍だと思う。彼らの意図的捏造により日韓関係が、そして最近では日米関係までもがいかに悪くなったか。その責任は重大だ」
草思社	2012年12月14日	『増補新版　よくわかる慰安婦問題』	7章で梁順任氏の詐欺容疑に言及し、「20年前、植村記者や青柳氏、高木弁護士ら反日日本人と梁順任氏らによってめちゃくちゃにされた日韓関係…」などと指摘(★2014年8月、梁氏の無罪が確定)
『WiLL』	2014年10月号	「国賊朝日新聞は廃刊すべきだ(西岡氏、櫻井よしこ氏、阿比留瑠比氏による座談会)」	西岡氏、「これは捏造ですよね。明らかに事実をねじ曲げて書いている」と語る
『正論』	2014年10月号	「隠蔽と誤魔化しでしかない慰安婦報道「検証」」	『朝日』8月の慰安婦問題検証記事を批判。「…その(引用者注・植村記事のこと)捏造を認めると朝日に計り知れない打撃を与えるはずだ。ある意味、今回の検証の本当の目的は、植村記事は捏造ではないという主張をすることだったのかもしれない」と指摘
悟空出版	2014年11月13日	『朝日新聞「日本人への大罪」』	2014年8月5・6日の『朝日』慰安婦問題検証記事について、「だが、朝日は、このように事実に即して書いた私の批判に対して、「名指しの中傷」とし、事実上、私を非難した。それだけでない。植村記者の記事を「検証」して「記事に事実のねじ曲げない」と開き直ったのである」などと批判。
『正論』	2015年2月号	「許せない植村隆氏の弁明手記」	「私が批判しているのは、利害関係者が捏造記事を書いてよいのかというジャーナリズムの倫理だ」
『正論』	2015年3月号	「私を訴えた植村隆・元朝日新聞記者へ」	「「捏造と言われても過言ではない」などという評価を変える必要を感じない」

始まった。私の記事を「捏造」といい始めた時期が重なるのだ。

先の『増補新版　よくわかる慰安婦問題』の「はじめに」を読むと、西岡氏の慰安婦問題をめぐる歴史認識がよくわかる。

「第1部では、1992年から行われてきた慰安婦問題をめぐる論争の歴史を取り上げる。(略)この論争は主として92年ころから翌93年まで私を含む一部専門家の間で激しく続き、「強制連行は証明されない」ということでほぼ決着した。しかし、この専門家レベルでの論争は産経新聞さえ大きく扱わず、逆に、慰安婦強制連行というデマは消えるどころか内外に拡散していった。そして、93年8月、宮沢政権は、朝日新聞などの意図的捏造報道と韓国政府からの外交圧力に負けて、あたかも強制連行を認めたかのように読める河野談話を出してしまう」

「河野談話」は、従軍「慰安婦」について「当時の軍の関与の下に、多数の女性の名誉と尊厳を深く傷つけた」と結論づけ、謝罪と反省、そして歴史研究、歴史教育を通じて永く記憶にとどめるとの決意を表明した。西岡氏はそれを非難している。さらにこう書く。

「ここで、「新しい歴史教科書をつくる会」に代表される良識的学者らが立ち上がり、産経新聞も論争に加わり、テレビや新聞、雑誌などで再び激しい論争が起きる。私も、92年段階での論争の成果を広く伝える形で、強制連行はなかったと論陣を張った。政界でも、中川昭一、安倍晋三など当時の良識派若手自民党議員が「日本の前途と歴史教育を考える若手議員の会」を結成して、真剣に問題と取り組みだす。この段階で、朝日新聞や左派学者らは、連行における強制だけが問題でないとして、慰安所の生活などにおける強制性を強調しだすが、説得力が乏しく、２０００年代に入り、日本の中学歴史教科書からは慰安婦強制連行の記述が削除される」

また、第6章では、こう書いている。

「自分でキーセンに売られたと話している老女を「挺身隊として強制連行された慰安婦」として、平気でウソを書く新聞記者。それが発覚しても責任を問わない無責任新聞社。キーセン出身老女や2万6０００円の大金を貯金した老女を先頭にして日本を訴える厚顔無恥な弁護士。国連人権委員会に毎年わざわざ出向いて「慰安婦は性奴隷」などという奇抜な詭弁を報告書に書かせた自虐的ＮＧＯ活動家。これらすべてが日本人だ。

ウソに始まり、詭弁が乱舞し、ついに米国議会で日本を糾弾する決議が採択された。これらを推進しているのが「反日」日本人たちだ。

彼らは国際社会に膨大なネットワークを築き、こつこつと資料を集め、国際法の詭弁を開発し、私たちの祖国、そして彼らの祖国、この美しい国・日本を貶め続けている。この人たちの〝反日執念〟こそが、私たちの敵だ」

この文章の中の「反日」で「平気でウソを書く新聞記者」とは、私のことを指しているのは明白だ。しかも、私が書いていない「強制」という言葉まで書き加えて非難している。「日本を貶める」ために従軍慰安婦問題の記事を書いたことなど、私は一度もない。被害証言にきちんと向き合うことの重要性を感じ、報道したのである。

西岡氏が『正論』2014年10月号に発表した「隠蔽と誤魔化しでしかない慰安婦報道「検証」」という論文は、同年8月の『朝日新聞』慰安婦問題検証記事への反論とともに、私への批判の総まとめだ。

1991年8月11日と12月25日の記事について、この論文で西岡氏が指摘した3点の批判、①本人が語っていない「挺身隊」の経歴を付け加えた、②キーセンとして売られた事実を隠すため、正体不明の「地区の仕事をしている人」を出した、③裁判の利害関係者だから「捏造」記事を書いた、について改めて反証したい。

①当時、韓国では「挺身隊」がほぼ「慰安婦」の意味で使われ、私の記事と同じような言い

回しは他にもある。巻末の資料「参考メモ」を参照してほしい。また、金さんの記者会見を報じた韓国の新聞は「私は挺身隊だった」(『中央日報』)、「挺身隊の生き証人として堂々と」(『韓国日報』)と報道している。『北海道新聞』1991年8月18日の続報記事は、金さんが「「私は女子挺身隊だった」と、切り出した」と書いている。

②私が同席した弁護団の聞き取り調査のときに、金さんは養父のことを語らなかった。この調査に同席していた市民団体「日本の戦後責任をハッキリさせる会」の『ハッキリ通信』第2号にも、「町内の里長」と訳されて同じような内容の記述があり、「養父」はまったく出てこない。訴状作成の中で、「14歳からキーセン学校に3年通った」と書き加えられたようだ。金さんらの提訴を報じた『読売新聞』夕刊、『毎日新聞』夕刊、『産経新聞』夕刊もキーセンについて書いていない。全国紙5紙の夕刊すべて、キーセンのことに触れていない。西岡氏は、『読売』も『毎日』も『産経』も「捏造に加担した」というのだろうか。

③金さんが実名で名乗り出て以来、『読売』『毎日』『産経』など全国紙5紙が、金さんのことを報道している。私の記事だけが訴訟を有利にしたと言えるのだろうか。

『読売』との対決

「これで今月2度目だ」。不愉快だった。

2014年8月17日の『読売新聞』政治面の「政なび」というコラムの「歴史の書き換え」という記事が、キーセン学校の経歴を書かなかったとして私の記事を批判していた。『読売新聞』が最初に私を批判したのは8月6日、その前日の『朝日新聞』の慰安婦問題検証記事を受けた特集記事の中だった。

900万部の販売部数を誇る日本最大の新聞が、2度にわたって私の記事を批判している。怒りと共に恐怖を感じた。小さなコラムだが看過できないと思った。

私は『朝日』の紙面でも反論を出すべきだと考え、8月18日の午後、朝日新聞東京本社の窓口役や慰安婦問題取材班のメンバーに、「キーセン問題で右派メディアに反論の記事をお願いします」とメールを送った。『読売』への反論も詳細に書いておいた。

『朝日新聞』は、一方的に殴られているボクサー状態だったが、私も怒りと不安に駆られ、朝日新聞社に助けてほしい、という思いを抱いていた。メールは私の悲痛な叫び、SOSでもあった。

8月28日午後、「読売新聞東京本社・慰安婦報道検証班」から、私宛の質問状が朝日新聞社広報部にファックスで届き私のもとに転送されてきた。私は退社して5カ月たっていたが、この問題の窓口を同社広報部が担ってくれていた。「植村隆氏への質問項目について」と題した質問状はA4で2枚。私の1991年の2つの署名記事などについて、6項目の質問をしていた。

簡単に要約すると、①金さんについて、根拠がないまま「強制連行された挺身隊」と表記した理由、②キーセンの経歴に触れなかった点は報道の公平性の観点から、問題はなかったのか、③養父によって中国に連れていかれた事実を伏せ、「地区の世話役」を持ち出すことで、何らかの公権力が関与したと印象づけようとしたのか、④義母が関与する訴訟に有利になるような記事を書いたことについて、報道機関としての公平性に問題はないのか、⑤ソウル支局長が入手した情報を植村氏に提供したとのことだが、なぜソウル支局で取材しなかったのか、⑥植村氏の退職時期、経歴は――という内容だった。

取材の可否について当日の午後7時までに返信を求めている。取材を受ける旨、朝日の窓口役を通して指定された時間までに回答した。

翌29日の昼、回答文を作成していると窓口役から連絡があった。「もう記事が出ている」。回答を求めておいて、なぜ記事が出ているのか。怒りがこみ上げ胸がどきどきした。明らかにルール違反である。彼らは私が取材を拒否すると思いこんで、準備していたのではないかとさえ思えた。

『読売新聞』第4面の政治面「検証　朝日「慰安婦」報道」という連載の2回目だった。7段の大きな記事である。「記事と証言に食い違い」という見出しがついて、私の記事を批判的に取り上げていた。西岡氏のコメントも紹介されていた。

記事の中では「触れなかった過去」という小見出しで、キーセンのことや養父について触れていないと指摘していた。

この日の『読売新聞』は別のページの特別面に、興味深い記事を掲載していた。連載に比べると扱いの小さい2段の記事で、「本紙、92年以降は慎重に報道」という見出しがつけてあった。91年12月6日の夕刊で、日本政府を提訴した金さんら3人の慰安婦について「強制徴用された」と書いたことを認めている。「原告の一人、金学順さんが慰安婦になった経緯については、訴状に基づき、「出稼ぎに誘われ、慰安婦とは知らずに軍用列車で中国北部へ運ばれ」た」として、訴状に基づいた記述であると弁解している。また「キーセン養成所にいた経歴には触れていない」とも書いている。さらに、92年以前は「従軍慰安婦」と「女子挺身隊」を混同していたとも記している。私は、別々のページにある記事を読み比べて、大きな脱力感に襲われた。

実は『読売』も当時、養父について書いていない。第4面で私の記事を「触れなかった過去」と指摘している部分は、『読売新聞』にとっても「触れなかった過去」なのだ。しかも私は91年8月の記事で「だまされて」と書いているのに、「強制徴用」と踏み込んで書いている。それにもかかわらず、私の記事について「「日本軍に強制連行され、慰安婦にさせられた女性」という印象を前面に出している」と批判しているのだ。

結局、『読売』はこの8月29日の記事を含め、8月中に都合3回、キーセン問題で私を批判したことになる。自らも「キーセン養成所にいた経歴には触れていない」にもかかわらずだ。

朝日新聞社も反撃の準備をしていた。関係者によれば、解散していた慰安婦問題取材班を中心にした有志が断続的に集まり、反撃の項目をリストアップした。8月下旬ごろには本格始動することが決まった。しかし、慰安婦問題検証記事を批判した池上彰さんのコラム「新聞ななめ読み」の掲載見送り問題、東京電力福島第一原発事故をめぐる「吉田調書」の記事取り消し問題、編集局幹部の更迭と木村伊量社長の辞任など社内の混乱が相次いだ。また、弁護士や研究者など7人による慰安婦報道を検証する第三者委員会が10月に発足し、取材班自身が「調査」される側になった。こうした中で取材班の活動もストップし、反撃は実現しなかった。

私は一人で、バッシングを続ける巨大メディアと対決しなければならなくなった。

「この検証記事をめぐる読売新聞の取材姿勢には驚いた。そして、「だまされた」という思いがある」

私は『文藝春秋』2015年1月号に発表した手記で、前述の8月の『読売』との顚末を批判した。手記は「売国報道に反論する　慰安婦問題「捏造記者」と呼ばれて」という題名で、全部で二十数ページ。慰安婦問題の記事の取材経緯を詳しく説明し、さまざまな証拠を挙げて「捏造記者」でないことを説明した。

『文藝春秋』に掲載したのは、ある方が「植村さん、反論の手記の第1弾は『文藝春秋』に載せてもらいましょう。植村さんに批判的な人が手に取ってくれる雑誌のほうがいいですよ」とアドバイスしてくれたからだ。この号には、俳優の故高倉健さんの最後の手記が掲載されていて、売れ行きはよかったという。私の手記も読まれたようで、編集者が「小誌の読者アンケートでも、中間報告ながら4位と、読者さんからも反響をいただいております」というメッセージをくれた。

ところが、発売2日後の14年12月12日午後、朝日新聞社広報部は私宛の「抗議書」をファックスで受け取った。A4で7枚。送り主は「読売新聞東京本社編集局総務　原田哲哉」。「読売新聞社の名誉を不当に毀損していることから、貴殿に対し厳重に抗議するとともに、謝罪と訂正を求めます」とあり、「極めて不誠実」「読者を誤導」「当社の信用を不当に貶めようとした」などと書かれていた。さらに、同じものが配達証明で朝日の広報部へ届き、書留で転送されてきた。

「抗議書」では経緯をこう説明していた。

①8月21日に北星学園大学へ取材を申し込み、25日に同大担当職員から「本人は「取材は朝日新聞の広報を通してほしい」と話している」旨の回答があった。

②28日に朝日新聞の広報部に取材を申し込んだところ、貴殿の意向として「書面で回答した

い」「回答は全文を掲載してほしい」旨を告げられた。

③貴殿より出された「書面回答の全文掲載」という条件は到底受け入れるわけにはいかず、貴殿からの直接回答を掲載できないと判断した。

④記事では、朝日の特集記事にある貴殿の説明や、「記事のねじ曲げなどはありません」という朝日の見解を紹介しており、記事の内容や取材経緯に全く問題がないことは明らか。

「書面回答の全文掲載」という条件について、直接交渉ではなかったため正確なやりとりの詳細は不明だ。しかし、私は「直接回答を掲載できないと判断した」ことを知らされていなかった。そもそも、質問状を送っておきながら回答も見ずに、『朝日』や私の言い分を記事に書いているので、記事の内容に問題はないと居直ることができるものだろうか。

言い訳じみた内容には納得できなかったが、抗議書の文末に「面会取材の申し込みが継続している」という一文があったので、「謝罪」「訂正」の考えはないが、インタビューは受けると伝え、次のような趣旨の返事を書いて、朝日広報部経由で回答期限の12月19日に送った。

「今回の件で重要なポイントは

1　8月28日午後2時前に貴社から朝日新聞広報に植村宛ての6項目の質問状が来た。

2　そこには、〈取材の可否について、28日午後7時までに回答を〉とあった。

3　通常の質問状とは異なり、6項目の質問の回答期限は明記されていなかった。

以上であります。

その質問状を受け取った私は、取材は〈可〉で、回答の仕方は対面でなく、〈文書で行う〉という方針も朝日新聞社広報部経由で、伝えたわけです。通常、当該記事掲載の前日に〈取材の「可否」〉を聞いてくるような質問状はないので、当方は〈翌日に質問の記事がでる〉ということを知らなかったわけです。貴社は当然、質問が翌日の記事に関連するものだという認識がありのはずなのですが、それを告げず、なおかつ、回答期限も明示しないまま、質問状を送ってきたわけです。これは告知義務違反だと思います。

貴社は今回の文書で、〈当該記事には貴殿からの直接回答を掲載できないと判断しました〉〈事実上、取材を拒否したのは貴殿の方です〉と書かれておりますが、当時、そうした事実を私に伝えたのでしょうか。私はそんな話は一切聞いておりません。当時、伝えられていたら、対応は変わっていたでしょう。当方の姿勢は、先にも書きましたように、〈回答する〉だったからです。このため、私（植村）はすみやかな回答準備に入り、29日早朝から回答作成作業をしていたのでした。しかし、読売新聞は当該の記事をその日の朝刊に掲載したのです。私は実際に紙面を見て非常に驚き、落胆したわけです。その際に抱いた感情をあのように、手記に書いたのであります」

幻の『読売新聞』インタビュー

この返事を出して5日後の14年12月24日、『読売』の慰安婦報道検証班からインタビューの質問項目が送られてきた。「抗議書」問題には一切触れておらず不思議な気がした。

15年1月13日に読売新聞北海道支社の会議室で、インタビューを受けることになった。私は一人で札幌駅前にある支社へ向かった。入るのは初めてだった。会議室には東京本社の社会部と政治部の記者が2人、支社の記者が2人、そして写真記者が1人待っていた。支社の記者は記録係で同席しているとのことだった。

インタビューは、事前に送られてきていた10項目の質問表に基づいて約2時間行われた。金学順さんに関する記事のことが大半で、8月の質問項目と同じような内容が中心だった。

「女子挺身隊」と「連行」という言葉にこだわる記者たちへ1991年8月24日の『大阪読売新聞』の記事(巻末資料参照)を見せ、当時は同じような記事が書かれていることを示したが納得していないようだった。1人の記者が、『朝日』の第三者委員会の「だまされた」と「連行」は両立しないという指摘を持ち出してきた。

私はさらに、『読売』91年12月6日夕刊が、金さんら3人の元慰安婦を匿名ながら「強制徴用」されたと書き、さらに金さんについては「出稼ぎに誘われ」と書いていると指摘。「第三者委員会が僕に対して指摘しているのと同じことが、読売新聞の記事にも言える」と話した。テープを聞いただけで記事を書いたという批判については、警察取材に例えて、第一人者が調査し、テープを聞かせてくれたので信頼したと説明した。

キーセン学校に通った経歴を書かなかったことが質問にあがったときだ。私は2人の記者に「キーセンって何か分かりますか」と逆質問した。2人とも「うーん」と言って答えられなかった。私は驚いた。慰安婦問題で私を取材している記者が、キーセンについて知らないのだ。私は『読売』も金さんのキーセン学校の経歴を書いていないことを指摘し、「みなさんの取材は天に唾するようなものだ」と加えた。

「抗議書」のことも聞いてみた。「私が取材拒否をしたと判断したので、朝日の記事なんかを引用した。自分たちに落ち度はないと言うんだけれど、ふつう、取材拒否したと思ったら通告しないと……」

すると、社会部記者はこう言った。

「すみません、その話は、だから今日する予定でもなくて」。答えにくそうな表情を見せた。しかし、抗議書が入った配達証明の封筒の送り主は彼の名前になっていたのだ。誰か上司に言われた仕事かもしれない。私は彼に、こうお願いした。「植村が怒っていることを伝えてほしい」

インタビューが終わった。しかし、2カ月以上たっても記事は出ない。4月3日、担当の社会部記者にメールで記事のことを尋ねた。「先般のインタビューに関する記事は出ておりません。よろしくお願いします」という短いメールが、なぜか2回も送られてきた。理由などの説明はなかった。

その後、私の回答に対する『読売』側の反応も伝わってこない。4人の『読売』取材記者と向かい合ったインタビューは幻となった。あの「抗議書」は、どうなったのだろうか。

私の手元に一冊の新書本がある。読売新聞編集局が2014年9月30日に中央公論新社から発行した『徹底検証　朝日「慰安婦」報道』である。この本の巻末に「いわゆる「従軍慰安婦問題」をめぐる関連年表」がついているが、この年表は欠陥製品ではないか。なぜなら、慰安婦問題では最も重要な日の一つである、金学順さんの実名記者会見があった1991年8月14日が出ていないからだ。この金さんの証言で、元慰安婦たちの証言が相次ぎ、慰安婦問題が戦時性暴力として国際的に知られるようになった。

その一方で、私の記事についてはこのように記述している。

「1991年8月11日　朝日（大阪本社版）が、元慰安婦の金学順氏（この時点では匿名で表記）の証言を韓国紙に先駆けて掲載（植村隆記者の署名記事）。翌12日の東京本社版でもほぼ同じ記事を掲載」

ここに、『読売新聞』の私に対する姿勢がよく表れていると、私は思う。私の記事が韓国で転電されていないのは、第2章で書いたとおりだ。私の記事の影響を強調したいあまりに、「重要な事実」を無視したのではないか。

2014年夏以降の朝日バッシングでは、『産経新聞』だけでなく、『読売新聞』が異常にハッスルしたこともまた日本のジャーナリズム史に特筆されるだろう。

15年春、「慰安婦」問題を伝える資料館「女たちの戦争と平和資料館（wam）」（東京都新宿区）に行った。そこに展示されていた『読売新聞』の記事の一つを見て、驚いた。

1991年12月3日のベタ記事だ。ソウル発で、「韓国人女性が「従軍慰安婦」で提訴へ」という見出しがついていた。「第二次大戦中に「女性挺身隊」として強制連行され、日本軍兵士相手に売春を強いられたとして、韓国人女性3人を含めた韓国人被害者35人が今月6日、日本政府を相手取り、一人当たり2000万円、総額7億円の補償請求訴訟を東京地裁に起こす」とあった。当時の『読売』記者は、金学順さんらを「女性挺身隊として強制連行された」ととらえていたのだ。次に『読売新聞』の取材を受ける時には、ぜひ、この記事を見せてあげたい。私は記事を写真に撮り、コンピュータに保存した。

虚偽と誤解に基づく『産経』の攻撃

一人の記者が私をにらんでいる。2015年1月9日、東京地裁内の司法記者クラブ。東京基督教大学教授の西岡力氏と、『週刊文春』を発行する文藝春秋を相手に東京地裁に名誉毀損訴訟を起こした後の記者会見でのことだ。直感的に「『産経』の阿比留瑠比記者だ」と思った。面識はなかったが、政治部編集委員で安倍晋三首相と近く、『産経』「慰安婦」報道の中心人物だということは知っていた。

幹事社からの質問が終わって、私への質問の口火を切ったのはその阿比留氏だった。

「テープを聴いただけで証言能力があるとしたのはどうしてか。もう一点。テープの中には、「挺身隊の名で戦場に連行された」という証言があったのかなかったのか」

阿比留氏は、私の答えを聞き終えると畳みかけるように言った。

「ですから「挺身隊という名で戦場に連行され」という言葉自体は聞いていないという理解でよろしいんですか」

さらに、『朝日新聞』の「慰安婦」報道を調査した第三者委員会の報告書の感想を求めてきた。

私は、こう答えた。「まず、報告書には大きなポイントが2つある。「捏造したのかどうか」

「義理の母親から便宜供与があったかどうか」。第三者委員会は明確に言っている。①義母の便宜供与はない、②捏造してない、ということであります。「捏造記者じゃない」と、第三者委員会が認めてくれたということであります」

そして、つけ加えた。「当時、「挺身隊の名で」という言葉は、『読売』も『毎日』も『北海道新聞』も書いていた。私は、「みんなが間違っていた」と言っているわけじゃない。当時の時代認識がそうだったと強調しているわけです」

会見に同席した日本新聞労働組合連合の新崎盛吾中央執行委員長(共同通信労組)が記者たちに訴えてくれた。

「植村さんの訴訟を新聞労連として支援するということで参った。組織の中で書いた記事が、辞めた後に問題にされる危険性は今後ますます強まっていくと思う。みなさん一人ひとりの問題にもなると思う。表現の自由をしっかり守るという立場から、このような人権侵害のような攻撃は絶対に認められない」。心強かった。

弁護団の小林節弁護士が阿比留氏の方に向かって、こう話した。

「今の論争を聞いて、私、団塊の世代で冷戦の時代のイデオロギー論争を経てきた人間なんですけど、とても不愉快だ。入り口で相手が敵か味方か決めて、敵と決まると、10ぐらい論点があっても、都合の悪い8の論点は、聞こえなく、見えなくなる。都合のいい2つの論点だけをガンガンガン、お前どう思ってんだ、どう思ってんだと。そういう議論をやめるために、われわれはこの訴訟に参加しているんです」

阿比留氏以外にも数人の記者が質問をして、会見は終わった。阿比留氏は私に名刺を渡しながら、言った。「取材を申し込みますから」

翌日の『産経』には、①私の提訴を伝える記事、②主張（社説）、③産経抄（1面コラム）、④阿比留氏の署名記事、と4種類の記事が出た。①以外は「提訴は言論の自由に反している」などと非難のトーンの強い記事だった。阿比留氏は「被害強調……記事に反省なし」という見出しの記事を書いていた。

「第三者委員会が公表した報告書も〈安易かつ不用意な記載〉〈「だまされた」と「連行」とは両立しない〉と厳しく批判している。／報告書の指摘について植村氏にただすと〈（第三者委から）注文はついている。確かに今となってはもうちょっと（丁寧に）書いておけばよかったなあ。そのくらいの話だ〉との反応で、反省は示さなかった」

第三者委員会の報告に言及しながら、私が訴えた大きなポイントには全く触れていなかった。

阿比留氏は、2014年10月に出版された『歴史戦――朝日新聞が世界にまいた「慰安婦」の嘘を討つ』（産経新聞出版）の序章で私の名を挙げ、「記事では金は匿名となっていたが、親から売られたという事実への言及はなく、強制連行の被害者と読める書きぶりだった」と書いている。

『破壊外交　民主党政権の3年間で日本は何を失ったか』(2012年10月、産経新聞出版)の中にも、見過ごせない記述がある。12年8月30日付の「慰安婦問題は朝日の捏造」というコラムだ。「従軍慰安婦」問題への他誌の批判的記事や西岡氏の言説を紹介し、最後にこう締めくくっている。

「そもそもは、1991年8月11日付の「朝日新聞」に、植村隆記者が「従軍慰安婦」を名乗る韓国人女性の記事を書いたことが始まりです。あたかも日本軍に強制連行されたかのように紹介して慰安婦問題を捏造しました。今日の日韓関係の惨状を招いた植村記者は今、どう思っているのでしょうか。自分のしでかしたことに、「心からの反省とお詫び」を表明する日は来るのでしょうか」

私の記事について、「強制連行」→「慰安婦問題を捏造」→「日韓関係の惨状を招いた」という虚偽に基づく言葉を使って、こじつけの論理を展開し、「反省とお詫び」を求めている。これは、一部メディアやネットで展開されている植村バッシングの典型である。

「朝日が最も検証すべきは、1991年夏の「初めて慰安婦名乗り出る」と報じた植村隆・元記者の大誤報だ。記事は挺身隊と慰安婦を混同、慰安婦の強制連行を印象付けた。しかも義父（ママ）にキーセン（芸妓）として売られていたことを書かずに事実をゆがめたからだ」

インターネットの「産経ニュース」で、久保田るり子編集委員が、私をこう批判していた。「【朝鮮半島ウオッチ】朝日新聞「慰安婦報道」が触れなかったこと」という見出しで、2014年8月10日18時に掲載された。

記事はこうも書く。「日韓摩擦の原点となってきた慰安婦問題は、争点の強制性の問題で「朝鮮人女性を挺身隊の名で強制連行した」との誤報が事実関係を歪曲（わいきょく）し、韓国側の反発をあおったことが大きい。その根拠となったのが植村氏の記事である」

記事がアップされたのは、『朝日新聞』がすでに私の記事を「事実のねじ曲げない」と報道した5日後のことだ。久保田氏は私の記事の内容を紹介し、「植村氏が書いた女性、金学順さんは挺身隊とだまされたのではなく、親に身売りされていたのだ」と断定している。

記事はこう続く。「朝日の記事の3日後に韓国メディアなどへの記者会見で金さんは、「14歳で母親に平壌のキーセン検番（学校）に売られ、3年後に義父（ママ）に日本軍の部隊に連れて行かれた。私は40円で売られた」と述べ、韓国紙や日本の月刊誌に掲載されている。挺身隊は総動員体制の用語の勤労動員のことで、慰安婦とは全く関係がない。しかし当時、韓国では混同があったのも事実だった。／そこに、朝日新聞が日本メディアとして「挺身隊としてだまされ連行」と書いた。韓国がこれを強制連行の根拠として飛びついたのはいうまでもない」

私は「挺身隊としてだまされ連行」とは書いていない。リードで「「女子挺（てい）身隊」の名で戦場に連行され」と記したが、一般論として書いた。本文では「だまされて慰安婦にされた」と書いている。久保田氏は私の言葉を都合よくつなぎ合わせて、印象操作をしているのではないだろうか。他の全国紙は金さんについて、強制連行・拉致と書いた。そんな中で私だけが集中砲火を浴びている。むしろ、「なぜ強制連行と書いていないのか」という批判ならあり得ると思うのだが。

金さんの実名記者会見で「慰安婦」問題が大きく動いたことは韓国では常識だ。ソウル特派員を経験した久保田氏はこのことを知らなかったのだろうか。私の記事は当時、韓国では転電されていない。日本のメディアも私の記事を追いかけていない。

しかし、「慰安婦」問題を否定する人々は、私を標的にして、私の記事が韓国に大きな影響を与えたという嘘を振りまいている。久保田氏もその路線である。

さらに問題なのは、久保田氏の記事の書き方だ。「義父(ママ)に日本軍の部隊に連れて行かれた」の後に「私は40円で売られた」がある。読者は「義父」が日本軍の部隊に金さんを40円で売ったと受け止めるのではないか。ここでも印象操作しているように読める。

金さんの記者会見を報じた当時の韓国紙5紙（『ハンギョレ』『東亜日報』『中央日報』『朝鮮日報』『韓国日報』）を見る限り、「私は40円で売られた」と話したとは掲載されていない。そもそも、

「40円」という数字がない。当時の『国民日報』『世界日報』『京郷新聞』の記事にも「40円」という数字がないのを、最近、確認した。

実は、「40円」という数字は、挺対協と挺身隊研究会が行った聞き取り調査に出てくる。日本語訳は、『証言　強制連行された朝鮮人軍慰安婦たち』(明石書店)などに収録されている。また、月刊『宝石』(光文社)92年2月号にも出てくる。

それは母親が妓生(キーセン)を養成する家へ養女に出した際に、養父から母親に支払われた金額である。しかも、いずれの記録でも、「慰安婦」になった経緯は強制連行・拉致と読める。久保田氏は、このような資料を確認したのだろうか。

久保田氏の記述は、自分に都合のいいデータだけを使った歪曲ではないか。まるで強制連行・拉致を人身売買と印象操作する文章詐術のように、私には読める。

最近、発行された『Q&A　朝鮮人「慰安婦」と植民地支配責任——あなたの疑問に答えます』(2015年10月、御茶の水書房)では、金さんが「慰安婦」になった経緯について、挺対協などの聞き取りを基に「拉致」と表現している。そして、40円問題についてこう説明している。

「これを身売りの前借金とするには、あまりに少額です。(中略)現在の貨幣価値で換算して概算7万円から8万円にしかなりません」。同書によれば、1920年代後半でも朝鮮における前借金の相場は、朝鮮女性の場合は約420円だったという。同書はこうも指摘する。「貧しい母親のぎりぎりの選択肢として娘を妓生学校に送ったことが、戦争被害を訴える資格の喪失だというのは、倫理的にも論理的にもかなっていません」

もし仮に養父が金さんを日本軍に売ったとすれば、今度は人身売買の責任が日本軍にもあることになる。問題はどういう経緯で「慰安婦」になったかでなく、慰安所でどんな人権侵害があったか、ではないだろうか。

「40円で売られた」という久保田氏の記事には、識者コメントに西岡氏が登場し、植村批判を繰り広げている。「植村批判＋西岡コメント」という植村バッシング記事のよくあるパターンだ。この記事はネットで拡散した。コメント欄に私への誹謗中傷が相次いで書き込まれている。「植村はギロチンで公開処刑にすべき　朝日新聞は廃刊にしろ」「とりあえず、拉致して有用臓器&組織を捕獲しようぜ！」などの言葉を見つけた。「妻がチョンの植村隆を吊るし上げして処刑しろ」という書き込みは、同じ言葉が12回も繰り返されていて、ぞっとする。『産経』記者の記事がネットに拡散し、それに刺激されて憎悪の言葉が増幅していく。恐ろしい現象だ。

『産経』は「強制連行」と報道していた

『産経』は元「慰安婦」の金学順さんについて、どんな記事を書いたのか。ずっと気にかかっていた。『産経』のデータベースで記事が検索できるのは、東京本社版が92年9月から、大阪本社版が98年12月からだ。金さんが登場した91年8月から少なくとも1年間は、他の全国紙のようには検索できない。『産経』は縮刷版も発行していない。『産経』以外の他の全国紙は金さんが「強制徴用」(『読売』)、「強制連行」(『日経』)、「ら致」(『毎日』)されたなどと表現していた。

一部メディアの朝日バッシングは、①朝鮮半島で女性を強制連行したとする吉田清治氏の証言報道、②金さんに関する私の記事、を2大ターゲットにしているが、私は吉田氏本人には取材しておらず、証言記事も書いていない。しかし、『産経』は、吉田証言を記事にしていた。そのことを、2014年8月5日の『朝日』の慰安婦問題検証記事で知った。「産経新聞は、大阪本社版の夕刊で1993年に「人権考」と題した連載で、吉田氏を大きく取り上げた」とあったからだ。

この連載「人権考」は、関西を拠点にした優れた報道に与えられる「第1回坂田記念ジャーナリズム賞」を受賞し、94年には解放出版社から書籍化されている。その本『人権考――心開くとき』(産経新聞大阪本社人権問題取材班編)を読み、連載の93年8月31日に「人生問い実名裁判」という見出しで、金学順さんの証言が出ていることを知った。その記事の一部を紹介する。

「今月13日夜。韓国・ソウル市の東大門(トンデモン)に国際電話をかけた。(中略)従軍慰安婦問題で日本政府は今月4日、強制連行の事実を正式に認め謝罪した。そのことを聞いた時だ。金さんの声が、突然うわずったように激高した。

「日本政府は最初から、はっきり言えばよかった。言葉だけの謝罪には、満足できない」（中略）

1941年ごろ、金さんは日本軍の目を逃れるため、養父と義姉の3人で暮らしていた中国・北京で強制連行された。17歳の時だ。

食堂で食事をしようとした3人に、長い刀を背負った日本人将校が近づいた。

「お前たちは朝鮮人か。スパイだろう」

そう言って、まず養父を連行。金さんらを無理やり軍用トラックに押し込んで一晩中、車を走らせた。着いたのは、鉄壁鎮（チョルピョクチン）という村だった。住人は逃げ出し、空き家だけが残っていた。

「真っ暗な部屋に連れていかれ、何をされたか。とても自分の口では言えない」と金さんはいう。

慰安所生活は、約4カ月間。日に何十人もの軍人の相手をさせられ、抵抗すると暴行を受けた」

同じ紙面にある「従軍慰安婦」というメモでは、「戦時中、強制連行などで兵士の性欲処理のために従事させられた女性。当時の正確な総数を示す資料はなく、終戦時では約8万人以上とされている」と説明していた。

93年8月4日の「河野談話」を受けて、金さんに国際電話して取材したものだ。金さんの思いをきちんと受け止めている。この記事から、①「慰安婦」に身売りされた事実はない、②金さんは強制連行された——という経緯が浮かびあがってくる。

また、91年12月7日付の『産経』大阪本社版では、日本政府を相手に謝罪と賠償を求めて6日に東京地裁で提訴した後、大阪でも行われた記者会見と翌日の集会予定を報じ、慰安婦になった経緯について、「金さんは17歳の時、日本軍に強制的に連行され、中国の前線で、軍人の相手をする慰安婦として働かされた」と書いていた。

『産経』は、少なくとも2度、91年と93年の大阪本社版の記事で、金さんが日本軍に強制連行された「慰安婦」であることを明記していた。いずれの記事も金学順さんに取材して書いている。強制的な連行だったという点(巻末資料参照)では、金学順さんを91年8月14日に取材した『北海道新聞』や『ハンギョレ』の記事、94年6月6日の法廷での金さんの証言とも矛盾していない。

翌94年6月10日の記事では、羽田孜首相が訪日中の金さんらと対面したことを報じ、首相が一人の人間として元「慰安婦」に向き合っている光景を丁寧に伝えている。感動を覚えた。

しかし、金さんに関する『産経』の記述は、歴史修正主義のバックラッシュが始まる90年代後半から変わってくる。

「新聞記事や本の記述を読み比べると、慰安婦にされた年などが食い違っている」(1997年

3月11日付「主張」)、「悲しい話だが、昔は日本でもあった平凡な身売り話に過ぎない」(1998年10月6日付「正論」政治評論家・屋山太郎氏)、「養父に連れられて行った出稼ぎ先の中国で数カ月間、慰安婦の仕事をしたというが、その客の中に日本兵がいたというに過ぎなかった」(2002年4月12日付「日韓新考」ソウル支局長・黒田勝弘氏)などだ。

2014年12月27日の『産経』は、前日に朝日新聞社の渡辺雅隆社長が同紙の「慰安婦」報道について記者会見し陳謝したことを、5つの面で批判的に扱っていた。その一方、「産経新聞報道検証委員会」の「慰安婦問題」の議論を1ページ使って伝えた。

阿比留瑠比編集委員が委員会へ報告に立った。

「これまで産経は「慰安婦問題」について孤軍奮闘しており、元日付で慰安婦募集の強制性を認めた河野談話が日韓合作であったことを報じました。2月には談話作成当時の石原信雄官房副長官が国会で証言。元慰安婦16人の証言について裏付け調査をしていなかったことを明言しました。政府が初めて河野談話がいかにずさんな経緯でまとめられたか問題点を明らかにしました。/4月からは慰安婦問題をテーマにした「歴史戦」の連載を始めました。これまで日本は一方的にやられるままになっていたという危機感からでした。/8月に朝日新聞は朝鮮半島で女性を強制連行したとする吉田清治氏の証言による記事を取り消すなど自社報道の誤りを認めました。慰安婦問題を深刻化させていた「河野談話」と「朝日新聞報道」が大きく変容。

この問題に大きな風穴が開いた感じがしました」

委員会の途中で、産経新聞大阪本社編集局長の鳥居洋介委員も報告した。

「平成5年6月から11月の夕刊社会面で連載した「人権考」で、2度慰安婦問題を取り上げました。吉田証言の信憑性に疑問の声が上がり始め、吉田証言を裏付ける被害の証言者が現れないという指摘もしております。しかしながら、被害証言がなくても強制連行がなかったともいえないとし、記事につけたメモに「強制連行」「従軍慰安婦」、見出しにも「終わらぬ謝罪行脚」とあり、当時の大阪のメディアのムードのようなものに引きずられて、記事に甘さがあるのは否めないものがありました」

「当時の大阪のメディアのムードのようなものに引きずられて」という言い方は、無責任な発言だ。「人権考」の取材班の真摯な姿勢に共感していた私は、この発言に怒りを感じた。

注目されるのは「2度慰安婦問題を取り上げました」という部分だ。吉田清治証言と金学順さんの記事のことだろう。93年当時の連載「人権考」で金学順さんを強制連行と報じたことを知っていたことになる。なのに『産経』はなぜ、そのことをこの紙面で読者に伝えなかったのか。『産経』の「歴史戦」の最大のテーマが「強制連行」の有無なのに、である。

『産経』は私の記事に対し、「挺身隊と慰安婦を混同したことへの謝罪がないのはなぜか」(2015年1月10日付「産経抄」)などと批判している。『産経』はどうなのだろうか。2015年

3月下旬から、仲間が国会図書館で『産経』大阪本社版のマイクロフィルムを見続けた。その5日目だった4月2日、1991年9月3日付の生活面に挺対協共同代表の尹貞玉さんの顔写真が出ている記事に、こんな記述があるのを見つけた。

「第二次世界大戦中「挺身隊」の名のもとに、従軍慰安婦として戦場にかりだされた朝鮮人女性たちの問題を考えようという集いが、このほど大阪市中央区の市立労働会館で開かれ、(中略)尹貞玉(ユン・ジョンオク)さんが話した」

さらに、尹さんのことを「元・韓国梨花女子大学教授。挺身隊への連行を免れた同世代人の責任として、アジア各地に残る従軍慰安婦の足跡を長く調査」と紹介していた。

また、91年10月25日付大阪市内版の記事の中でも「日中戦争から太平洋戦争のさなか、「女子挺身隊」の名で、戦場に赴いた朝鮮人従軍慰安婦」という記述があることを最近、確認した。いずれも、私の記事の書き方とほぼ同じだ。これらの『産経』の記事こそ、私が捏造記者でないということの証拠だ。そして、『産経』にとっては、ブーメランだ。私への批判は自らに返ってくる。

「確かに植村氏は訴訟までの約1年、被告ばかりか日本メディアの取材を拒否し、手記も公表していない代わり、米韓の新聞や外国特派員協会の会見には登場して、批判の対象にされた1991年の朝鮮人慰安婦第1号に関する記事の不備は誤用や混同で、意図的な捏造ではない、と釈明していた」

現代史家の秦郁彦氏が２０１５年２月23日の『産経新聞』オピニオンページの「正論」に書いた「大弁護団抱える植村訴訟の争点」の中の一節だ。１月９日に私が西岡氏らを名誉毀損で訴えたことを受けて書いたものだ。あたかも、日本のメディアの取材から逃げているという書きぶりだ。これは明らかに事実と違っていた。

朝日新聞社が14年８月５日の慰安婦問題検証記事で、私の記事について「事実のねじ曲げない」と捏造疑惑を否定した後からは、他メディアの取材を受けている。日本のメディアでは、『毎日新聞』、『東京新聞』、写真週刊誌『ＦＲＩＤＡＹ』（講談社）、ＴＢＳテレビ、ジャーナリストの青木理（おさむ）氏などの取材に応じ、それが活字や映像の形ですべて提訴前に出ていた。

ＴＢＳの「ＮＥＷＳ23」は同年12月23日に放映した番組で「北星問題」を取り上げたが、その中には私のインタビューがある。

また、同年12月16日発行の青木理氏の著書『抵抗の拠点から――朝日新聞「慰安婦報道」の核心』（講談社）にも私のロングインタビューが掲載されている。私は青木氏に長時間、直接取材を受け、関連する証拠を見せた。

青木氏はその著書で、「植村氏が何かを捏造したわけでもなければ、事実を意図的にねじ曲げたフシもない。むしろジャーナリズムの原則からいえば「ごく普通」と評すべき元記者に対し、決して見過ごしにできないほど重大な人権侵害が私たちの眼前に立ち現れている」と書いていた。

『東京新聞』は同年12月8日、「こちら特報部」の見開き2ページの特集で、「記事の捏造はなかったと理解してくれる人が増えた。今後はきちんと反証したい」と私の思いを伝えていた。

それだけではない。「言論には言論を」と考え、『文藝春秋』15年1月号で手記を発表した。新聞に広告も出た。秦氏はそれらにも気づかなかったのだろうか。

『産経』自体も第1面のコラム「産経抄」に、私が「逃げ回」っていると2度も書いていた。14年12月6日に「この際、彼も逃げ回らずに記者会見を開いて真情を吐露してはどうか」と書き、提訴翌朝の15年1月10日には「週刊誌の報道以来、彼の勤める大学や家族への脅迫が相次いだという。許されざる卑劣な行為だが、植村氏も小紙などの取材から逃げ回ったのはなぜか」と書いた。それだけに、この秦氏の事実誤認は許せなかった。

秦氏はしかも先述の「正論」の中で「捏造記者と呼ばれるより三流(新聞)記者とか御用(新聞)記者のほうが、名誉毀損度は高いと感じる人もいよう」と書いていた。「捏造記者」と書かれて、激しい攻撃を受けている私にとっては、とうてい理解できない感覚だ。

捏造とは、事実でないことをでっちあげることで、「嘘」と認識して、「嘘」を本当のように書くことだ。それは、事実を追求する記者にとっては犯罪行為だ。「三流」とか「御用」と言われて、新聞社をくびになったりしない。しかし、「捏造」が事実なら、懲戒免職だ。

秦氏が研究者ならわかるはずだ。研究者が論文や実験結果に対し「捏造した」と断定されたら、それは研究者としての死を意味する。「捏造記者」と言われるのもそれと同じことなのだ。

弁護団を通じて、15年3月27日に『産経』に訂正を求めた。『産経』は、同年6月8日付の同紙の「正論」欄に次のような「おわび」を掲載した。

「2月23日付「正論」欄の「大弁護団抱える植村訴訟の争点」の記事中、「植村氏は訴訟までの約1年、被告ばかりか日本メディアの取材を拒否し、手記も公表していない」とあるのは誤りでした。植村氏は複数の日本メディアの取材に応じており、手記も発表しています。産経新聞のインタビューの申し込みには応じませんでした。訂正しておわびします」

ところで、「おわび」には、「産経新聞のインタビューの申し込みには応じませんでした」という部分がある。これについて、説明しておきたい。

産経新聞社から直接、取材の申し込みがあったのは事実だ。14年10月21日、朝日新聞社広報部を通じてのことだった。だが、私は書面で回答することにした。激しい誹謗中傷や脅迫の渦中にあって、植村バッシングの先頭に立つメディアの一つである『産経』のインタビューにすぐに応じることは、リスクが大きいと考えたからだ。私は『ハッキリ通信』第2号のコピーを添えて回答した。

『産経』は14年10月28日付の記事で、私の見解を報じ「植村が主張するように、金は「養父」という言葉を使っていなかったのかもしれない。しかしそうだとしても疑問は残る」と負け惜しみのように書いた。記事の最後には、こうあった。「産経新聞は朝日広報部を窓口に植村本人へのインタビュー取材を申し込んだが、広報部は「お受けできない」との植村の返答を伝えてきた。ただし、植村は毎日新聞の取材には応じ「元慰安婦に関する記事に捏造はない」とコメントした。産経新聞は今後も植村に取材を申し込んでいく。(敬称略)」

阿比留氏らとのインタビュー

『産経』からインタビューの申し込みがあったのは、提訴の記者会見から半年以上たった15年7月21日だった。もちろん受けることにした。場所も指定してもらう。

インタビューは7月30日と決まった。場所は札幌市内のホテル。『産経』とのやり取りで学んだのは、質問に回答する場合は証拠もつけた方がいい、ということだった。私は『産経』の記事のコピーを準備した。当日、愛用のデイパックに記事のコピーを入れ、肩に背負った。一人で、インタビューの場所へ向かった。

阿比留瑠比政治部編集委員と外信部の原川貴郎記者が待っていた。

阿比留氏は『歴史戦』(産経新聞社著)の序章で、私の1991年8月11日の大阪本社版の金さんの記事について「親から売られたという事実への言及はなく、強制連行の被害者と読める書きぶりだった」と指摘している。

そこで私は、『産経』91年12月7日の大阪本社版記事のコピーを手渡した。金さんの大阪での記者会見を報じたもので、「日本軍に強制的に連行され」と明記されている。

植村「一つお聞きしたい。そうしたら、阿比留さん、この記事はどう読む?」

阿比留「ああ、(記事は)間違っていますね」

植村「間違っている?」

阿比留「はい」

植村「間違っている?」

阿比留「間違っていると思いますね」

植村「どこが間違っているんですか?」

阿比留「『日本軍に強制的に連行され』という(部分)」

植村「これは産経新聞の記事ですね?」

阿比留「だから、うちが間違っているんですね」

植村「訂正かなんかやられたんですか」

阿比留「これは今日、初めて見ましたから訂正したかどうかはちょっと分かりません」

「間違っていた」を何度も繰り返した阿比留氏に、私は93年8月31日の『産経』大阪本社版夕刊連載「人権考」の金学順さんの記事を見せた。阿比留氏はまた「間違いですね」を繰り返した。

原川記者もこれらの記事を初めて見たそうだ。『産経』をはじめとする一部の新聞や雑誌で、植村は強制連行のように書いたなどと散々批判され、家族まで脅迫にさらされている。『産経』の記者たちは、自社が過去に「強制連行」と書いていたことを知らずに、私を攻撃していたのだ。

「「女子挺(てい)身隊」の名で」という言葉を使ったことについても、『産経』は批判を続けていた。インタビューの最中に、91年9月3日の『産経』の記事を示した。挺対協共同代表の尹さんの講演を伝えたもので、記事の冒頭には「「挺身隊」の名のもとに、従軍慰安婦として戦場にかりだされた」と書いてある。

阿比留氏は「いや、だからね、私はね、これを書いた記者は、ちょっと署名が入っていないから分かりませんが……」「まあこれもなんか少し逃げた書き方ですけど、間違っているかもしれませんけどね」と言い淀んでいた。

また、私への批判の一つに、91年8月11日の記事は、遺族会の幹部である義母から情報をもらった、義母の団体の裁判を有利にするために書いたというものがある。

これについて阿比留氏は、「朝日の第三者委員会も、最初(91年8月11日)の記事を書くにあたって何らかの関係者からの便宜があったんじゃないかということは否定されました。私も、前後関係からいってそうだろうと思います」と切り出した。

義母からの便宜供与がなかったことを、阿比留氏があっさりと認めたことに驚いた。植村バッシングのデマの一つが崩れた。

しかし、91年8月19日の記事「元朝鮮人慰安婦が補償求め提訴へ」について、遺族会の話だから「はっきりさせておいた方がいい」と尋ねてきた。

この記事は、金学順さんではない別の元「慰安婦」が裁判準備のため、弁護団の聞き取り調査を受けていると伝えたものだ。弁護団や、その活動を支援する市民団体「日本の戦後責任をハッキリさせる会」、そして遺族会、この3者を取材して書いたものだと阿比留氏に説明した。

阿比留氏は「一般論として、こういう動きがあるということをですね、記事化することによって後押しするという」という言い方で、便宜供与だと言いたいようだった。私は韓国の聯合通信の記者も同じように取材し、同着だったと説明した。

こちらからも質問した。

植村「阿比留さん、金学順さんに取材したことあります？」

阿比留「ありません」（略）

植村「直接、生身のおばあさんのインタビューというのは原川さん、されたことありますか」

原川「私はありません」

植村「阿比留さんは？」

阿比留「直接はないです」

私は驚いた。「慰安婦」取材の中心にいる阿比留氏や原川氏が、「慰安婦」の生の声を聞いたことがないとは。

2時間にわたったインタビューは2015年8月4日の『産経』朝刊に出た。この日の『産経』は、「朝日慰安婦誤報取り消し1年」という共通の見出しを、3つの面に配していた。3面には私のインタビューのコメントを引用した「植村元記者に聞く」という記事が出ていた。

見出しには「証言テープ聞いたのは1度だけ」。記事では、これまで通りの批判を繰り返していた。27面には「植村隆元記者インタビュー詳報」として、私との問答を詳しく載せていた。

これも見出しは「証言テープ「僕は持っていない」」。『産経』はほとんど本質的でない空疎な見出しを繰り返すことしかできなかったようだ。

『産経』は自社もキーセン学校の経歴を報じていないことをインタビューで認めたが、紙面では触れていなかった。それでも、私が指摘した『産経』が「強制連行」や「挺身隊」を使ったという指摘には対応していた。

「産経新聞も過去に〈強制連行〉〈挺身隊〉の用語を使用したことがありました。／平成3年9月3日付〈朝鮮人慰安婦問題を考える　大阪市立労働会館で集い〉▽同年12月7日付〈日本政府は謝罪を　従軍慰安婦で提訴の金さん〉▽5年8月31日付〈屈辱　人生問い実名裁判〉――の3本（いずれも大阪本社版）です。／9月3日の記事は韓国挺身隊問題対策協議会の尹貞玉（ユン・ジョンオク）氏の大阪市内での講演内容を伝えたもので〈「挺身隊」の名のもとに、従軍慰安婦として狩りだされた〉との表現がありました。／12月7日と8月31日の記事は、初めて元韓国人慰安婦として名乗り出た金学順氏に関するもので、それぞれ〈強制的に連行〉、〈強制連行〉との表現がありました。いずれも尹、金両氏の説明を伝えたものです。／しかし、金氏の証言は次々に変遷し、信憑（しんぴょう）性が揺らぎました。産経新聞は、金氏も含め強制連行を裏付ける証拠はないとの認識に基づいて報道しています」

この記事の主語は、最初が「日本軍」、2度目が「日本人将校」。まさに現在の『産経』が否定し続けている、官憲等による強制連行そのものであるが、この日の記事には主語が書かれていなかった。『産経』にとって不都合な事実だからだろう。

また、この記事で一番大きな問題は「金氏の証言は次々に変遷し、信憑性が揺らぎました。産経新聞は、金氏も含め強制連行を裏付ける証拠はないとの認識に基づいて報道しています」と書いてある点だ。金氏の証言は、意に反して慰安婦にされたという点では変わっていない。一方、『産経』のデータベースで見る限り、「信憑性が揺ら」いだことを具体的に証明している記事はない。そうした論証もなく、このように決めつけるのは、印象操作ではないだろうか。

私は『産経』が「強制連行」と書いたことを非難しているわけではない。「慰安婦」問題の本質は、「慰安婦」になった経緯ではないからだ。慰安所での人権侵害こそが最も問題なのだ。2015年5月、米国などの日本研究者ら187人が出した「日本の歴史家を支持する声明」はこう言っている。

「歴史家の中には、日本軍が直接関与していた度合いについて、女性が「強制的」に「慰安婦」になったのかどうかという問題について、異論を唱える方もいます。しかし、大勢の女性が自己の意思に反して拘束され、恐ろしい暴力にさらされたことは、既に資料と証言が明らかにしている通りです。特定の用語に焦点をあてて狭い法律的議論を重ねることや、被害者の証言に反論するためにきわめて限定された資料にこだわることは、被害者が被った残忍な行為から目を背け、彼女たちを搾取した非人道的制度を取り巻く、より広い文脈を無視することにほかなりません」

世界はいま「慰安婦」問題をこう見ているのだ。『産経』が「挺身隊」という言葉や、「強制連行ではなかった」という認識にこだわればこだわるほど、世界の常識からかけ離れていき、自らの過去の報道との矛盾にも焦点が当たることになるのだ。

『産経』は、このインタビューの詳報をインターネットの「産経ニュース」に載せた。8月29日から9月7日まで、毎日1回ずつアップし、計10回の詳報となっている。このウェブ連載はネットでは大きな反響を呼んだ。

「産経新聞の【元朝日新聞・植村隆氏インタビュー詳報】がすごい件」というまとめサイトが登場した。「法華狼の日記」というブログでは「植村隆インタビュー詳報において、産経側の主張が自壊していくまで」と書いていた。本と雑誌のニュースサイト「LITERA」では「産経新聞「従軍慰安婦報道」のみっともない真実」という2回の連載があり、それぞれの回の見出しは「慰安婦問題で右派からリンチ受けた元朝日・植村記者が産経の阿比留記者に反撃！　産経側の失態を次々と暴露」「「韓国人慰安婦を強制連行」と書いたのは朝日でなく産経新聞だった——植村記者に論破され阿比留記者が赤っ恥」というものだった。「LITERA」

の筆者は、私を「朝日バッシング」の「スケープゴート」にされたと指摘した上で、「そもそも朝日新聞バッシングは最初から右派メディアと官邸によって恣意的に仕掛けられたまったく中身のないものだったのだ」と結論づけていた。

一般紙で植村バッシングの先頭に立ってきたのは間違いなく『産経』だ。しかも、すでに紹介したように、『産経』の記事にはさまざまな疑問がある。それを6項目に整理した質問状を15年10月16日に産経新聞社広報部へ送った。

指定した期限の10月23日に届いた回答を見て、私は唖然としてしまった。「お答えできません」を繰り返す、ほとんど「ゼロ回答」に等しいものだったからだ。私には回答を求めておきながら、自社への問いには口を閉ざしたのだ。

朝日バッシング・植村バッシングは、異常な事件として日本のジャーナリズム史に記録されるだろう。『産経』のこの回答もまた、証拠文書として残るだろう。後世の研究者はこう言うのではないか。「あの時、あれほど植村氏を攻撃していた産経が、植村氏の問いに答えなかった」と。

第6章

新たな闘いへ向かって

東京地裁で名誉毀損訴訟が始まった

法廷を取材したことは何度もあったが、当事者になることを想像したことはなかった。私は２０１５年1月9日、東京地方裁判所へ名誉毀損の訴えを起こし原告になった。被告は東京基督教大学教授の西岡力氏と彼の言説を掲載した『週刊文春』を発行する文藝春秋。両者は「捏造記者」というでっちあげの誹謗中傷を流布し、私の社会的評価と信用を傷つけた。訴状では金銭による損害賠償や謝罪広告の掲載などを求めた。

提訴の朝、霞が関にある東京地裁内の弁護士控室で、弁護団事務局長の神原元弁護士から代理人名簿を見せられた。１７０人の名前が記載されていた。中山武敏弁護団長ら7人の弁護士が連名で、２０１４年12月24日に各地の弁護士へ次のように呼びかけた。

「戦争する国への国家体制がつくられようとしている状況の中で、植村さんへのバッシングは歴史の事実を変えようとする勢力からなされているものと思料しています。この訴訟は植村さんの人権、人間の尊厳を擁護すると共に平和・基本的人権、民主主義を突き崩されようとしている状況に歯止めをかける意義も有していると確信しています。植村さんの決意、熱い思いに応えたいと思います。一人でも多くの先生の訴訟代理人受任をお願いします」

短期間で、これだけの弁護士が集まってくれたのだ。胸が熱くなった。

訴状の提出は事務的なもので、すぐに終了した。昼食をとろうと支援の仲間たちと弁護士会館の喫茶店に入ると、BGMで耳慣れた美しいピアノ曲が聞こえてきた。ショパンのバラード1番。バッシングを受け辛い思いの日々、毎日のように聴いている。この曲に癒され、励まされてきた。こんな大事な日にこの曲が聴けるとは……。

午後1時から、東京地裁内にある司法記者クラブで記者会見を行った。私は「言論人としても今後、捏造記者ではないと発信を続けていきたい。司法の場でも、私が捏造記者ではないことを証明したいと思います。捏造記者と呼ばれ、私の第二の人生が大きく狂いました。その名誉回復、人生の再生に向けて闘っていこうと思っています」と決意を述べた。

質問の口火を切った『産経』の阿比留瑠比編集委員との応答は第5章で書いたとおりだ。

フリーランスの江川紹子さんからは、「なぜもっと早く反論や会見を行わなかったのか」と聞かれた。私は、西岡氏に最初に批判されたときに社内の関係者に相談したが、特に問題ないと助言されたこと、しかし第二の人生の転職先にまでいやがらせがあり、言論のレベルではないと思ったと答えた。

TBSテレビ「NEWS23」担当の保科哲巳氏は、西岡氏の「これは言論の自由の範囲であると考えている」というコメントを紹介し、「どう思うか」と質問した。

私は、記者たちに語りかけた。「「捏造記者」といろんなところで触れ回ることが、果たして言論の範囲なのかどうかは、みなさんに判断してほしいと思います。私は言論の範囲ではないと思います」

続けて、有楽町にある日本外国特派員協会でも記者会見した。内外の記者ら百数十人が集まり、席を追加して対応した。神原弁護士と上智大学教授の中野晃一さんが同席してくれた。

次々と質問があり、予定の時間が足りなくなるほどだった。英国『タイムズ』紙の記者の質問が印象に残った。1つ目は、私の妻や家族の国籍のために「慰安婦」問題を書くときに中立ではないという批判があることについて、2つ目は『朝日新聞』が、事実関係の間違いを謝罪して以来、『朝日』があまりに「服従的で、自己批判的で、ほとんど自虐的だ」と見る人たちがいることをどう思うか、という質問だった。

私はこう答えた。

「妻と出会う前から、慰安婦問題を取材しております。これは家族の問題として取材しているわけではないんです。女性の人権問題として取材しているのです。だから結婚しようが結婚しまいが、取材は続けたと思います」

『朝日新聞』については、萎縮していると思うと答え、こう話した。

「私に対するバッシングの理由は、私が朝日新聞記者であること、私が慰安婦のおばあさんの記事を最初に書いたこと、そして私の妻が韓国人である、そういうことだからだと思います。

私を攻撃して萎縮させ、『朝日新聞』を萎縮させたいと考えている人々がいるのではないでしょうか。もう謝罪して取り消したわけですし、『朝日新聞』には元気を出して、取材、慰安婦問題に取り組んでいただきたいと思います。慰安婦問題が解決したわけではないので」

この会見の司会をしていたアイルランド人ジャーナリストのディビッド・マックニールさんが、『ジャーナリズム』2015年4月号(朝日新聞社)に、会見の印象を語っている。

「会場には、彼を批判してきた人たちも来ていましたが、質疑応答で挙手をしませんでした。質問しなかったのではなく、質問できなかったのだと思います。それは植村さんが法廷で戦っていく意思を明らかにして勇気を示したからです」

この日の夕方には、参議院議員会館で報告集会も開かれた。参加者が続々と集まってくれて、急遽、会場を変更した。約250人にも上った。

弁護団副団長の角田由紀子弁護士があいさつし、「北海道から沖縄までさまざまな弁護士が結集して弁護団を結成している。短期間にこれだけ多くの弁護士が集まったということは、植村さんの訴えが非常に広く共感されていることを示している。ぜひとも勝利しなければならないと決意しております。みなさんとともに闘っていきましょう」と呼びかけた。

たくさんの人たちの応援スピーチが続いた。私は、一人ひとりの言葉をかみしめるように聞きながらしみじみと思った。「私は一人ではないのだ」と。

初めての意見陳述

裁判は東京地裁で一番大きい103号法廷で行われることになった。傍聴者が多いことは裁判所へのアピールになり、毎回、傍聴券の抽選が必要となるくらい集まってもらうのが重要だ。

第1回口頭弁論は2015年4月27日に決まった。民事裁判では「公判」と呼ばず「口頭弁論」と呼ぶ。原告の私と代理人が法廷に立ち意見陳述を行うことになった。

ところが、その日の数日前から声がかすれるようになった。疲労が積み重なるとこうなる。本番で声が出なかったら、どうしようか、法廷で何度も咳をすると、裁判官の心証を悪くするのではないだろうか。不安な気持ちのまま4月27日を迎えた。

東京地裁の正面玄関前には、私の裁判の傍聴券を求める長い行列ができていた。支援者の姿もたくさん見えあいさつを交わした。

午後3時、開廷が告げられた。私は、原告席の一番端で、隣や後ろに約20人の代理人が座っている。だが、被告席には誰もいなかった。民事の場合、第1回口頭弁論は答弁書を出しておけば出廷する義務はないのだという。

がらんとした被告席を前に、私たちの法廷闘争が始まった。

裁判長が、被告からは答弁書が出ていると説明した。答弁書は、「捏造」という表現を「事実摘示」ではなく「論評」だと主張していた。これは名誉毀損した側がよく主張する「逃げ」の論理だ。「捏造」は単なる意見・論評の類だということだが、西岡氏は私を何度も「捏造」という言葉で非難し、朝日新聞社に対して私の処分を繰り返し求めていた。「捏造」を事実と認定していたからこそ、処分を主張したはずだ。

神原弁護士が証人席に立ち、被告答弁書に反論した。「事実摘示」と「論評」とは証拠等によって存否を決することができるかどうかで区別され、今回は「論評」ではなく「事実摘示」というべきである、という趣旨の6分程度の主張だった。

次は、私の番である。意見陳述書を手に咳をこらえながら、証人席へ移動した。

提訴後にも届いた，いやがらせハガキ

「今回の名誉毀損裁判を提訴してから約20日後の2月初めのことです。私が勤務する札幌の北星学園大学の学長宛に、またしても脅迫状が送られてきました。入学試験の前、私を雇っていることを理由に、入試の際に受験生や教職員に危害を加えると脅していました。脅迫状の中には、私や私の娘の名前が書かれていました。こういう内容の書き出しでした。

〈貴殿らは、我々の度重なる警告にも関わらず、国賊である植村隆の雇用継続を決定した。この決定は、国賊である植村隆による悪辣な捏造行為を肯定する〉ものだ。

そして最後は、娘の実名をあげて、こんなような殺害予告を繰り返していました。

〈必ず殺す。何年かかっても殺す。何処へ逃げても殺す。絶対にコロス〉

北星学園大学への脅迫状は、これで5回目です。最初の脅迫状は昨年5月末で、そのときは私を〈なぶり殺しにしてやる〉というものでしたが、今度は娘への殺害予告です。警察が娘の警備を強化しました。

しかし、私は親として、脅迫状が来たことを娘には言えずにいました。娘がどんなに恐れるか、そう思うと告げるのが怖かったのです。しかし、しばらくして娘から聞かれました。

〈何かおかしい。学校の行き帰りにパトカーがついてくるの〉。もう隠せませんでした。娘を〈殺す〉といった脅迫状が来ていることや登下校の際にパトカーが巡回していることを、正直に伝えました。娘は黙って聞いていました。

娘への脅しは、これが初めてではありません。昨年8月には、インターネットに実名と顔写真がさらされ、誹謗中傷が溢れかえりました。例えば、こんな内容です。

〈こいつの父親のせいでどれだけの日本人が苦労したことか。自殺するまで追い込むしかない〉〈この子をいじめるのは「愛国無罪」。堂々といじめまくりましょう〉〈国家反逆の売国奴植村隆　の娘といった看板を背負って一生暮らさなければならない〉

私はいま24年前に書いた記事で激しいバッシングを受けています。しかし、そのときには生まれてもいなかった17歳の娘が、なぜこんな目にあわなければならないのでしょうか。私には愚痴をこぼさなかった娘が、地元札幌の弁護士さんに事情を聞かれ、ぽろぽろと涙をこぼすのを見たとき、私は胸がはりさける思いでした」

ここまで読むと、胸が詰まり、涙がこぼれそうになった。

私は『週刊文春』の記事で、大学教員の夢が破れたことや、私の書いた記事について述べた。そして、「捏造」と書かれたことの理不尽さを、こう指摘した。

「「捏造」とは、事実でないことを事実のようにこしらえること、でっちあげることです。「捏造記者」と言われることは、新聞記者にとって「死刑判決」に等しいものです。記者が本当に「捏造」したら、すぐにも懲戒免職です。もちろん私は、捏造などしていませんし、懲戒免職にもなっていません」

私は、『週刊文春』の遺跡捏造疑惑報道の後、遺跡調査に関わった大学の名誉教授が自殺し、遺族が名誉毀損で文藝春秋を訴えた裁判にも言及した。この裁判では文藝春秋側の敗訴が確定している。

「学者とジャーナリストは共に事実を追究するのが仕事です。あの事件で亡くなった名誉教授の無念が、痛いほどわかりました」

そして、最後にこう訴えた。

「私の記事が「捏造」でないことを、司法の場で証明したいと思います。こうした司法の判断が示されなければ、卑劣な攻撃は終わりません。今回の裁判は、私の汚名を晴らし、報道の自由、学問の自由を守るための闘いであります。裁判長、裁判官のみなさま、ぜひ、正しい司法判断によって、「私を」「私の家族を」そして「北星学園大学を」救ってください。どうぞよろしくお願いします」

陳述は終わった。裁判長は、私の話をじっと聞いていた。不安だったが、なんとか、陳述を終えることができた。

閉廷して外に出ると、傍聴記を書いてくれる朝日の先輩から感想を聞かれたが何を話したのか覚えていない。傍聴記には、こう記録されている。

「証人席に立ってから、一礼して席に戻るまで12分。その目は赤かった。終始、声を詰まらせた植村氏にとっては長い時間だったろう。聴いている傍聴席の人々にとっても、ことに長く感じられた。傍聴席の100人近くは、身じろぎもせずに聴いていた。（中略）意見を述べ終えてホッとしている植村氏に「泣いていたよね」と声をかけた」

アメリカ横断の旅——6大学で講演

私をめぐる異常な事態は、英文のウェブジャーナル『ジャパンフォーカス』や英国『ガーディアン』紙、米国『ニューヨーク・タイムズ』紙などで世界へ伝えられた。事件を憂慮する在米研究者らの協力でアメリカ講演ツアーが決まった。2015年4月28日から5月9日までの12日間、シカゴ大学、デュポール大学(シカゴ)、マーケット大学(ミルウォーキー)、ニューヨーク大学、プリンストン大学、カリフォルニア大学ロサンゼルス校(UCLA)の6つの大学で、計8回の講演・講義が計画された。その当時、日本では大学主催の講演会はまだなかった。そんな中で、米国では6つもの大学が機会を設けてくれたのだ。

出発は意見陳述の翌4月28日、57歳の誕生日でもあった。

しかし、憂鬱だった。鼻炎のような症状が起き、咳も続いた。声もかすれていた。「声がよく出ないのに、米国で講演旅行ができるのだろうか」と気弱にもなった。まして、英語の世界。通訳してもらうとしても私の話が通じるだろうか……。不安な気持ちも強かった。

頭を訴訟モードから、米国モードに切り替えるように自分に言い聞かせ、成田空港からシカゴ行きのユナイテッド機に乗り込んだ。

シカゴの空港で、シカゴ大学名誉教授のノーマ・フィールドさんが出迎えてくれた。『天皇の逝く国で』(みすず書房)や『小林多喜二』(岩波新書)などを書いた著名な日本研究者である。シカゴ市内へ向かう車中で、1930年代に京都で発行されていた文化新聞『土曜日』が話題になった。ファシズム下で、それに抵抗した市民派の新聞である。私がジャーナリストを目指した原点の一つがそれだった。その新聞の復刻版を手にして、20歳前後だった私は心打たれた。ノーマさんは、『土曜日』の創刊者・故中井正一氏の娘さんと親しいと話していた。若いころの自分を思い出し、不思議な縁に感謝した。会話が弾み、「憂鬱だった旅」が楽しい旅になりそうだった。

以後5日間、私はノーマさんに「通訳兼運転手」をしていただいた。講演会では、私のつたない話が、見事な英語に翻訳され、聴衆にきちんと伝わっていることが実感できた。それもノーマさんのおかげである。ノーマさんとは、初対面だったが、百年の知己を得た思いだ。

シカゴ到着3日目は、市内にあるデュポール大学での学生向け講義2回とシカゴ大教員・院生向けのワークショップというハードスケジュールだった。デュポール大学はカトリックの大学で、講義を行ったのはダウンタウンにある建物内の教室だった。

最初は「記憶の倫理」というクラスでの授業で、約20人の学生が出席していた。講義の冒頭、日本の嫌韓マンガ『大嫌韓流』のページをパワーポイントで見せた。私の似顔絵と、誹謗中傷の言葉が書き連ねられていることを説明すると学生たちは驚きの表情を浮かべた。

『週刊文春』の報道についても、私が慰安婦問題の火付け役だったと報道していることを説明した。

さらに『読売新聞』や『産経新聞』がかつて、金学順さんについて「強制徴用」「強制連行」と報道していたにもかかわらず、私を攻撃している事実も明らかにした。私は「これはまさしく天に唾する行為で、フェアではない。ここに今の「植村バッシング」「朝日バッシング」の本質がある。「言われなき攻撃」で、ジャーナリズムではない」と訴えた。

そして、私が標的にされる理由について、こう指摘した。

「最初に署名入りで金学順さんのことを記事にしたことや『朝日新聞』の歴史認識・リベラリズムへの嫌悪に加え、私の妻が韓国人で、義母が元慰安婦らの裁判を支援している遺族会の幹部だったことも大きい。民族差別も背景にあると思う」

講義の最後には、なぜ裁判を起こしたか、次の3つの理由をあげて説明した。

①彼らが「捏造」というレッテル貼りをやめない限り、私や家族、大学に対する攻撃は止まらない。これを止めるためには、司法の場で証明する必要があると考えた。

②私の記事を「捏造」と攻撃するということは、慰安婦問題をなきものにしようとすること。それは、勇気を持って辛い体験を告白した元慰安婦のハルモニたちの尊厳を傷つけるものだ。

③この問題は、言論の自由、報道の自由、大学の自治という、日本が戦後70年守り続けてき

た民主主義に対する攻撃だ。

最後に私は英語で訴えた。「I will fight. I cannot lose this fight.（私は闘います。この闘いに負けるわけにはいきません）」

学生たちからは、私の娘を案じる質問などさまざまな質問が出された。同席していた米国人の女性研究者も娘の進路などについて心温まるアドバイスをしてくれた。参加者たちが、不当な攻撃に怒り、私の家族を心配してくれているのがありがたかった。

「いかに学生が植村さんに感銘を受けたか、伝わると幸いです」とのメッセージと共に後日、担任の宮本ゆきデュポール大学准教授が学生8人の感想文をメールで送ってきてくれた。

ある女子学生は、「従軍慰安婦は日本の歴史においての汚点ですが、植村さんがそれについて書いてくださったことに感謝しています。なぜなら、植村さんの行動が人間への信頼を取り戻し、真実というのはいつか明らかになるものだということを教えてくれるからです」。ある男子学生は、「大学に入学してから、これほど印象に残った授業はありませんでした。植村さんは、自分に対する攻撃と戦っているだけでなく、従軍慰安婦にされた女性たちの記憶のためにも戦っておられます」と書いていた。

授業のときに私のことを「尊敬する」と発言した女子学生は、「いやがらせを受けながらも、それに屈しない強さを持った植村さんは素晴らしいお手本です。植村さんがされていることは、世界中の女性のためなのです」と書き込んでいた。

すべて好意的な内容だった。過分な評価に面映い思いをしたが、米国の学生たちにも私の話が通じた、と思い素直にうれしかった。

シカゴから車で1時間半程度のミルウォーキーにあるマーケット大学のセミナーを実現させたのは、客員助教授のウナ・リーさんだった。私の講演の前に、在米韓国人ビジュアル・アーティストのチャンジン・リーさんのビデオ映像『*COMFORT WOMEN WANTED*』（2013年）が上映された。元慰安婦の顔写真と共に、その証言が流れ、画面に証言の英文訳が出てくる仕組みになっていた。6カ国の元慰安婦と日本の元軍人にインタビューしてつくったという。芸術的なスタイルで、慰安婦の証言を世界に伝えようとする秀作だ。日本ではまだ上映する機会がないという話を聞き、ぜひ日本でも公開してほしいと思った。

「植村隆さんをお迎えすることができることを嬉しく思っております。植村さんは私たちの注目の的であるだけでなく、1991年に書いた慰安婦問題の記事に関して、日本の右翼や政府関係者にとっての、まったく望ましくなく受け入れがたい、多大な注目の的であり続けてきました」

著名な日本研究者であるコロンビア大学のキャロル・グラック教授が、こう切り出した。5

月4日、ニューヨークのマンハッタンにあるニューヨーク大学で開かれたパブリックトークでのことだ。グラック教授はさらに「私はいろいろな意味で植村さんに感謝を申し上げたいと思います。ご自身やご家族のためだけでなく、ローカルな問題や国の問題ではなく、グローバルな問題である表現の自由のために立ち上がり、はっきりと立場を表明し、またそのために、このような攻撃を耐え抜いていることに感謝しています」と続けた。私は、その言葉を聞いて、胸が熱くなった。

インターネットでは、私の訪米を中傷するような書き込みも見られ、「不誠実な日本人ジャーナリスト、アメリカツアーへ」などと書かれていた。緊張感を持って会場入りしたが、このグラック教授の言葉で、自信が深まった。

この講演会は、同大のトム・ローサー准教授の尽力で実現したものだ。パブリックトークの形で行われ、約80人が集まった。

グラック教授は、「(慰安婦)問題が始まった時にはこれは大きな問題ではなかった。朝鮮、韓国、日本で書かれた新聞記事にも人々はさほど大きな関心を払わなかったのです。だから植村さんのたった一つの記事によって「慰安婦」問題全体に火をつけたという考え方はナンセンス」と述べ、慰安婦否定派の主張を明確に退けた。そして、各国の慰安婦が勇気を持って証言したことで、「世界を変えた」と説明し、慰安婦問題が国際的な女性の人権問題であることを強調した。

グラック教授は、キング牧師の言葉も紹介した。「表現の自由の抑圧は、どこで起きていたとしても、それはあらゆる場所での表現の自由への脅威だ」。米国の知識人からの連帯メッセージとして、私はこの言葉を重く受け止めた。

私の講演の後に、質疑応答が行われた。初老の日本人男性が英語でまくし立てた。聞き取りにくかったが、「日本人の子供に対する韓国人からの攻撃が起きている。『朝日新聞』が間違った報道をしてきたからだ。植村さんもその一人だ」「なぜ、植村さんは逃げるのか」などというような内容だった。私は、逃げていない。逃げていないから講演に来ているのだ。日本人の子供がいじめられているなら人権侵害なので、具体的な情報を大使館などに伝えるべきだ、と答えたが、それ以上、議論は深まらなかった。

『産経新聞』の地元特派員が取材に来ていた。どんな記事を書くのかと身構えたが、「元朝日記者「慰安婦でバッシング」　NY講演　首相を批判」という見出しで、講演内容を淡々と書いた記事だった。日本にいる元先輩記者から「この記事で、植村君の言いたいことがよく伝わると思います。この記事なら、『朝日新聞』に載っていてもおかしくない、と思いました」とのメールが送られてきた。

翌日は、緑あふれる美しいキャンパスのプリンストン大学で講演した。日本人や米国人らが約30人集まり、通訳なしで話した。東アジア研究が盛んだと聞いたが、日本語でセミナーが成り立つことに驚いた。慰安婦問題を否定する人々の動きについて、参加した在米日本人が「米国人の理解として、第二次大戦に突っ込んでいった日本人と戦後の日本人は全く違う。それなのに戦時中の非難を浴びなければならないことについてどうして名誉回復したがるのか、これが(米国人には)わからないと思う」と述べたのが、印象に残った。

6日は、全くのオフだった。一日中、公園のようなプリンストンの街を歩いた。久々の自由時間。心が洗われるような時を過ごした。住宅地の街路樹の幹にあいた穴からリスが顔をのぞかせていた。ノーマさんから「プリンストンは偉大な歌い手、スポーツ選手、活動家のポール・ロブスンの出身地でもあります。どうかゆっくり散歩をお楽しみください」というメールをもらっていた。

初めて聞く名だったが、さっそく、ホテルの近くにある中古レコード店へ行き、彼のCDを2枚買った。アフリカ系米国人ポール・ロブスン(1898―1976)はこの街で生まれ、黒人差別やマッカーシズムと闘った。翌朝、ホテル近くにあるポール・ロブスンの胸像を見に行った。彼の不屈の人生を思うと、勇気がわいてきた。

ピザ店の店内にアインシュタイン博士(1879―1955)のポスターがあり、ツーショットで記念撮影をした。日本に帰ってからロブスン関連の本を何冊か買い、黒人差別に反対していたアインシュタインは、ポール・ロブスンと交友があったことを知った。

歴史学者らの声明が追い風に

私の訪米は安倍晋三首相の訪米（4月26日―5月2日）と重なった。安倍首相が4月29日に行った米議会上下両院合同会議での演説の内容は、シカゴ滞在中に新聞で読んだ。第二次大戦について「痛切な反省」という表現を使ったものの、慰安婦問題などには言及せず、「植民地支配」や「お詫び」という言葉は使わなかった。これに対し、韓国や中国の報道は反発を示していた。

直後の5月5日、米国などの日本研究者や歴史学者ら187人（5月19日に457人）が慰安婦問題解決などのために、安倍首相に「大胆な行動」を求める声明を発表した。声明は英文と日本語で発表された。正式名称は「日本の歴史家を支持する声明」である。2014年10月に歴史学研究会（歴研）委員会が発表した「政府首脳と一部マスメディアによる日本軍「慰安婦」問題についての不当な見解を批判する」という声明を支持するものだ。

この日本の歴研声明は、『朝日』が吉田清治証言の記事を取り消した14年8月以降、慰安婦問題否定の声が強まったことに対する批判である。北星学園大学事件にも言及し、「「誤報」という点のみをことさらに強調した報道によって、『朝日新聞』などへのバッシングが煽られ、一層拡大することとなった。そうした中で、「慰安婦」問題と関わる大学教員にも不当な攻撃が及んでいる。北星学園大学や帝塚山学院大学の事例に見られるように、個人への誹謗中傷はもとより、所属機関を脅迫して解雇させようとする暴挙が発生している。これは明らかに学問の自由の侵害であり、断固として対抗すべきであることを強調したい」と述べていた。

「日本の歴史家を支持する声明」には、ハーバード大学のエズラ・ヴォーゲル、入江昭両名誉教授やマサチューセッツ工科大学のジョン・ダワー名誉教授ら著名な学者をはじめ、さまざまな知日派の研究者が署名をしていた。私の訪米をサポートしてくれたシカゴ大学名誉教授のノーマ・フィールドさんやコロンビア大学のキャロル・グラック教授らの名前もあった。数えてみると、私の訪米ツアーに関係した方々が7人いた。

声明の重要なポイントを2つ抜き書きしてみた。

(1)歴史家の中には、日本軍が直接関与していた度合いについて、女性が「強制的」に「慰安婦」になったのかどうかという問題について、異論を唱える方もいます。しかし、大勢の女性が自己の意思に反して拘束され、恐ろしい暴力にさらされたことは、既に資料と証言が明らかにしている通りです。

(2)特定の用語に焦点をあてて狭い法律的議論を重ねることや、被害者の証言に反論するためにきわめて限定された資料にこだわることは、被害者が被った残忍な行為から目を背け、彼女たちを搾取した非人道的制度を取り巻く、より広い文脈を無視することにほかなりません。

理不尽なバッシングを受け続けている私にとって、声明のこうした言葉が、「植村応援の声明」のようにもうつる。世界の研究者の常識では、私は「捏造記者」ではない。

最後の訪問地カリフォルニア大学ロサンゼルス校での講演会を実現してくれたのは、同大准教授の平野克弥さんだった。5月8日の講演会には、120人以上が詰めかけた。慰安婦問題否定派の日本人も何人かいた。『週刊文春』はわざわざ東京から記者を派遣していた。

私は講義でこの声明の中の一部を紹介した。

「今年は、日本政府が言葉と行動において、過去の植民地支配と戦時における侵略の問題に立ち向かい、その指導力を見せる絶好の機会です」「大胆に行動することを首相に期待してやみません。過去の過ちを認めるプロセスは民主主義社会を強化し、国と国のあいだの協力関係を養います。「慰安婦」問題の中核には女性の権利と尊厳があり、その解決は日本、東アジア、そして世界における男女同権に向けた歴史的な一歩となることでしょう」「アジアにおける平和と友好を進めるために、過去の過ちについて可能な限り全体的で、でき得る限り偏見なき清算を、この時代の成果として共に残そうではありませんか」

そして、「この言葉をかみしめ、安倍首相の大胆な行動に期待したいと思います」と話した。特に私の心を打ったのは、「過去の過ちを認めるプロセスは民主主義社会を強化し、国と国のあいだの協力関係を養います」という部分だ。なんとすばらしい言葉だろうか。過去の過ちを反省し、謝罪し、未来に伝えていくことは、戦争や人権侵害の再発を防止することにもつながるだろう。そして、それは我々の民主主義社会を強めることでもあり、東アジアの和解を大きく進めることにもなるのだ。

米国へ行って良かった。6大学8回の講演で、合わせて400人以上が私の話を聞いてくれた。講演を主催したり、参加したりした研究者をはじめ、さまざまな人々と出会えた。人権と平等のために闘った先人の存在も知った。12日間にわたって米国を旅したことで、人の輪が広がり、さらなる勇気をもらった。旅の途中で、健康も回復した。そして、私の闘いが、日本の民主主義を守る闘いであることを確信した。

日本に帰国した後、仲間たちが口々に言った。「米国から戻ってきて、さらに元気になったね」。確かにパワーアップした自分を実感できるようになった。

米国講演旅行を終えた後、国内の大学からも講義のゲストスピーカーに招かれるようになった。2015年6月下旬、上智大学のグローバル・コンサーン研究所などが主催するシンポジウムに招かれたのが縁で、7月1日、同研究所員の田中雅子准教授が担当する授業で学部生たちに話をした。日本国内の大学では最初の講義だった。話し終わった後、何人かの女子学生が質問やあいさつに来てくれた。そのうちの一人が「読んでください」と言って、1枚の紙を差し出した。こう書かれてあった。

「私も植村さんのように、平和な世界を作るために、社会へ問題提起のできる人になりたいです。今日は植村さんのジャーナリストとしての姿勢に感銘を受けました。メディアリテラシーを身につけることの難しさは、政治に向き合う上で、日々実感していますが、しっかりメディアを見極めることの大切さを意識して考えを深めていきたいと思います」

国内で最初の講義で、こんな好意的な反応があって、ありがたかった。

7月11日には北海道大学公共政策大学院のゼミでも講義した。中島岳志准教授が招いてくれたのだ。「地元の事件だが、詳しくは知らなかった」という声もあり、地元の大きな大学で話せてよかったと思った。中島准教授は2015年度で北大を去り、東京工業大学教授になるということを、この席で聞いた。最終年度の講義に招かれたことになり、とてもうれしかった。

10月15日には、明治学院大学国際平和研究所所長の高原孝生教授の招きで、国際学部で話をさせてもらった。日本人学生や、カリフォルニア大学各校の留学生らを相手に、通訳を交えた講義を行った。私と同じように脅迫を受けたSEALDsの奥田愛基さんも聴講していた。講義後、言葉を交わすと奥田さんは、「植村さんが大変な目にあっているのは知っていたけれど、まさか自分に来るとは」と話していた。「頑張ってください」と私は奥田さんを励ました。

12月9日には、小樽商科大学の荻野富士夫教授が招いてくれた。約260人の学生を前にしゃべりすぎて、質問に答える時間がなくなった。後で、無記名の質問票を見せてもらった。「植村隆さんは正義を持っている人だ！　私は中国13億人を代表して植村さんを支持します！」というメッセージがあった。留学生かも知れない。「植村さんは自分の身におきた悲劇を話したいのでしょうか？　私は慰安婦問題の実態について詳しくきけると思っていたので残念です」という耳の痛いコメントもあった。心しなければならないと思った。

札幌での闘い

東京提訴から1カ月後の2015年2月10日、櫻井よしこ氏と同氏の文章を掲載した3つの雑誌の発行元3社を札幌地方裁判所に名誉毀損で訴えた。3社とは『週刊新潮』を発行している新潮社、雑誌『WiLL』を発行しているワック、『週刊ダイヤモンド』を発行しているダイヤモンド社である。櫻井氏はこうした雑誌などで、私の記事について「捏造」を繰り返していた。何よりも許せないのは、大学を引き合いに出したり、攻撃を正当化したりする発言があることだ。

例えば、『WiLL』2014年4月号の「朝日は日本の進路を誤らせる」という論文では、こう書いている。

「改めて疑問に思う。こんな人物に、果たして学生を教える資格があるのか、と。一体、誰がこんな人物の授業を受けたいだろうか。教職というのはその人物の人格、識見、誠実さを以て全力で当たるべきものだ。植村氏は人に教えるより前に、まず自らの捏造について説明する責任があるだろう」

10月23日号『週刊新潮』の連載コラムでは、「朝日は脅迫も自己防衛に使うのか」という見出しを立て、私の記事を「捏造」と批判。「23年間、捏造報道の訂正も説明もせず頬被りを続ける元記者を教壇に立たせ学生に教えさせることが、一体、大学教育のあるべき姿なのか」と主張した。

特にひどいのは、同じ週に出た『週刊文春』(10月23日号)の「朝日新聞よ、被害者ぶるのはお止めなさい〝OB記者脅迫〟を錦の御旗にする姑息」という、西岡力氏との対談記事だ。

「捏造疑惑について説明責任を果たしていない元記者を教壇に立たせていいのかという問題意識が、本来は先に来るべきでしょう。『週刊文春』(2月6日号)の報道で、私は初めて植村氏が神戸の女子大に勤務する予定だと知り、事実関係の確認の為に、その女子大に問い合わせをしました。大学側は「お答えできません」と回答しましたが、その後、採用は取り消された。現在、北星学園大学で彼に教わっている学生たちは、どのような気持ちでしょう」

「社会の怒りを掻き立て、暴力的言辞を惹起しているものがあるとすれば、それは朝日や植村氏の姿勢ではないでしょうか」

北星には「（植村を）辞めさせろ。やらないのであれば、天誅として学生を痛めつけてやる」などという脅迫状も届いていた。私の高校2年生の娘は、氏名と写真をネットでさらされた。母親が韓国人ということで朝鮮人蔑視の悪罵の書き込みがあふれた。そんな状況下で、櫻井氏の発言は、暴力的な言辞を繰り返す側に立ち、励まし、煽っているとさえ思えた。著名人で雑誌の連載を何本も持つ櫻井氏の影響は大きい。実際、あるブログでは、この記事にこう反応している。

「「朝日新聞よ、被害者ぶるのはお止めなさい。櫻井よしこ×西岡力
ＯＢ記者強迫（ママ）を錦の御旗にする姑息」という題に、ようやく納得。
（中略）もし、私がこの大学の学生の親や祖父母だとしたなら、捏造で大問題になった元記者の事で北星大に電話で問い合わせるとかしそう。実際、心配の電話や、辞めさせてといった電話が多数寄せられている筈で、たまたまその中に脅迫の手紙が入っていたからといって、こんな大騒ぎを起こす方がおかしい。櫻井よしこ氏の言うように、「錦の御旗」にして「捏造問題」を誤魔化すのは止めた方が良い。（中略）「被害者ぶるのはお止めなさい」」

私はこの書き込みを読んで、恐怖を感じた。そして、「暴力的言辞を惹起している」のは、

むしろ櫻井氏自身ではないのか、と思った。
私は、北星学園大学のあるこの北の地で司法の判断を仰ぎたいと思った。民事訴訟の名誉毀損は、原告、被告どちらの居住地でも提訴できるはずだ。

忘れられないのは、2014年10月17日の北海道合同法律事務所の総会のことだ。自由法曹団の流れを汲む同事務所の招きで、私の直面している問題について、1時間ほど話をさせてもらった。同事務所は、埼玉以北では最大の法律事務所といわれている。

弁護士十数人、事務職員十数人、計30人以上が集まった。こんなにたくさんの弁護士の前で話をするのは、もちろん人生で初めてのことだった。緊張したが、当時の記事や資料を使って丁寧に説明した。皆、熱心に聴いてくれた。私の報告が終わった後、参加者が感想を述べてくれた。

若手の弁護士がこう言った。「中国人技能実習生の事件で代理人をやっているが、ネットで批判され、中傷を受けた。植村さんの事件は他人事と思えない。植村事件は大きな取り組みで行うべきだ。僕も支えたい」。熊本県の法律事務所から故郷の札幌に戻ってきた小野寺信勝弁護士である。共感や協力の申し出などが相次ぎ、手ごたえを感じた。

その後、12月下旬から札幌での訴訟準備が始まり、同事務所へ事務局が置かれることになった。札幌弁護団の共同代表には、伊藤誠一氏、秀嶋ゆかり氏に加え、同事務所の渡辺達生氏の

札幌弁護団と共に提訴へ向かう著者

3氏が就任し、事務局長は小野寺信勝氏に決まった。弁護団に参加した弁護士は、提訴日までには106人に上った。このうち道内の弁護士は94人。北海道にいる弁護士約900人のほぼ10人に一人が参加したことになる。多くの弁護士が心を寄せてくれたことに感激した。伊藤弁護士によれば、弁護団の特徴は、日頃、労働問題や人権問題に取り組んでいる弁護士に加え、企業法務分野で活動する人や、元裁判官の方など顔ぶれが広いこと、中心メンバーに女性弁護士が多いことだ。

有志で2度にわたり韓国へ行き、「韓国挺身隊問題対策協議会」の尹貞玉・元共同代表への聞き取りや資料集めを行った。弁護団会議は夜遅くまで続くことも多く、支援者たちと飲み会へ流れ、談論風発することもしばしばあった。弁護団の士気は高かった。第1回口頭弁論の期日も2015年4月17日と決まった。

緒戦の勝利

2015年3月下旬、櫻井氏側から、東京地裁への事件の「移送」申し立てが札幌地裁へ出された。①被告らの住所地が東京のため、札幌での審理は訴訟を遅滞させる、②原告(私)が西岡力氏を東京地裁で提訴している、③札幌弁護団の中の11人は東京及び神奈川県に事務所があり、東京でも訴訟可能、という趣旨の主張であった。

札幌弁護団は、すぐに反対の意見書を出し、①あらかじめ先々の期日を調整すれば、計画的審理が可能である、②被告と原告の経済的格差を考慮すれば、移送によって原告が経済的負担を強いられるのは適当ではない、③被害を受けている場所は札幌である、などと主張した。

札幌地裁の判断はなかなか出なかった。内心、不安な日々が続いた。東京の弁護士たちは連帯や協力を示す意味で名前を連ねている。訴訟準備は札幌の弁護士たちが中心になっている。もし、移送が決定されれば、時間的にも費用的にも大きな負担になってしまう……。

「読売新聞のネットニュースで、本日、札幌地裁が東京地裁への移送決定をしたとの報道が流れています。しかし、移送に関する判断はまだ出ておらず、これは完全なる誤報ですのでご注意ください」

5月1日、米国講演旅行中でシカゴのホテルにいた私のもとに、札幌弁護団の上田絵理弁護士から一斉メールが届いた。さっそく、ネットでニュースを探した。

「元朝日記者の名誉毀損訴訟、東京地裁に審理移送」という見出しだった。「朝日新聞社のいわゆる従軍慰安婦問題の報道を巡り、雑誌論文などで記事を「捏造」と報じられ、名誉を傷つけられたとして元朝日新聞記者で北星学園大（札幌市）非常勤講師の植村隆氏（57）が、ジャーナリストの櫻井よしこ氏（69）と新潮社など出版3社に計1650万円の損害賠償などを求めた訴訟で、札幌地裁が審理を東京地裁に移送する決定をしたことが1日、わかった」

東京の支援者に『読売』の夕刊をチェックしてもらったら、「植村氏訴訟　東京地裁で」というベタ記事が出ていることがわかった。私は、このニュースの背景が気になった。これは特ダネの書き方だ。植村バッシングはするものの、植村裁判・北星問題をあまり報道していない『読売』がなぜ、書いたのだろうか。誰かのリークなのだろうか。

札幌弁護団は『読売新聞』に訂正を要求し、札幌地裁に対しても調査を求めた。記事掲載から1週間後、『読売』は誤報を認めた。5月8日夕刊の「訂正　おわび」にはこうある。「札幌地裁は1日の時点で移送について決定していませんでした。事実関係の確認が不十分でした」。ところが、ひと月もたたないうちに、『読売』の記事は「誤報」から「速報」になった。5月29日、札幌地裁が東京地裁への移送決定を出したのだ。東京で行われても原告側の訴訟活動は困難ではない——と判断していた。

札幌弁護団は札幌高等裁判所へ即時抗告した。この種の名誉毀損訴訟において、被告の都合を優先すれば、被害者である原告は居住地で裁判を起こしにくくなり、非常に不利な闘いを強いられることになる。そういう意味でも何とか阻止したい。

一方、札幌の支援者たちが中心になって、「植村さんの被害の実態を十分に審理するため、裁判は札幌で」と署名運動が始まった。短い期間の取り組みにもかかわらず、２６２９筆もの署名が裁判所に届けられた。

札幌高裁の結果をまちながら、万が一、高裁が同じ結論を出したときの対応について何度も議論した。訴訟そのものを一度取り下げる案、櫻井氏と出版社1社だけを被告に残す案など。そして札幌で裁判することは譲ることができないと再確認したうえで、最終的に「取り下げはしない。堂々と闘う」という結論になった。東京地裁で訴訟することになったら、交代で東京へ通おう、小手先の対応はやめよう。若手弁護士を中心にそんな意見が大勢を占めた。

高裁の決定は8月31日の午前10時半に出ると連絡があった。弁護団が裁判所へ文書を受け取りにいくのだ。当日の11時半に記者会見を開くことにした。会場は北海道合同法律事務所が入っているビルの大会議室。不当決定を想定した文案を弁護団と一緒に検討した。使わないかもしれないけれど、と思いながら私は、喜びの文案も用意することにした。

「原決定を取り消す」。

逆転決定だった。

決定書は「本件訴訟の主な担当者は札幌の弁護士である」と認定したうえで、被告側の代理人が札幌に来ることの負担は、それを避けるために原告側に経済的な負担を追わせなければならないほど重いとは認めがたい、と明快な判断を示していた。「敗北」という事態も想定していただけに、ホッとした。

心配してくれていた支援者たちに緊急のメールを送った。「緊急速報　札幌高裁は31日、札幌地裁の原決定を取り消し、被抗告人ら（櫻井よしこ氏ら）の移送申し立てをいずれも却下しました。これで、対櫻井よしこ氏訴訟は、札幌地裁で行われることが事実上決まりました」

晴れ晴れした気持ちで記者会見に臨み、こう述べた。「札幌高裁が、本日示した判断に対し、深い感動を覚えています。過日、短期間で2000を超える「移送反対」の署名が国内外から集まりましたが、そうした皆様も喜んでいると思います」

札幌弁護団は「植村氏ひいては大手マスメディアによって名誉毀損等の被害を受けた市民の裁判を受ける権利を十分に配慮したものであり高く評価する」との声明を出した。

この決定は、私の裁判が札幌でできるというだけの意味ではない。今後、同じような被害を受けた人が不利な闘いを強いられないための、大きな「先例」となるだろう。

記者会見が終わってパソコンを開くと、こんなメールが入っていた。「ＢＲＡＶＯ!!　本拠地での戦い、当然の決定ながら良かった」。弁護士でもある、上田文雄・前札幌市長だった。私が市役所担当記者をしていた時から交流があった。

その後、被告らは最高裁判所へ特別抗告もしたが、11月25日に棄却された。私たちにとっては緒戦の勝利だ。

望郷の丘

戦後70年となった2015年8月15日。照りつける日差しの中で、私は韓国忠清南道・天安市の国立墓地「望郷の丘」にある、故金学順さんの墓碑の前にひざまずいていた。墓碑は、広々とした芝生の上にあった。見晴らしのいい場所である。金学順さんは1997年12月16日に73歳で亡くなり、ここで眠っている。

私は墓碑の横に、持参のノートパソコンを置いて、91年8月14日の金学順さんの実名での記者会見のビデオを映し出した。第2章で書いた韓国のドキュメンタリー映画『終わらない戦争』の中で紹介されているテレビニュースの映像である。金学順さんの声が墓地に流れた。

「強制的に連行されて必死に逃げても捕まえて離してくれない。目を閉じる前に話をして、怨みを晴らしたい」

私は、「金学順さんが勇気を絞って、名乗り出たことで、慰安婦の事実が知られるようになった。「うそつき」「売春婦」と名誉を傷つけられている。絶対に許せない」と、同行者にも聞こえるように言った。

私は心の中で、金学順さんにわびた。

「長い間、墓参にも来ないでごめんなさい。あなたが亡くなった時に、私は特派員でしたが、死亡記事を淡々と書いただけでした。私はあなたが被害の証言を始めたということを報じた最初の記者でしたが、義母が遺族会の幹部だということで、理不尽な中傷が続き、あなたや慰安婦問題に距離を置いていました。しかし、それが愚かなことであったと気づきました。これからは、改めてジャーナリストとして、慰安婦問題に取り組んでいきたいと思います」

私はソウルで行われる慰安婦問題の国際シンポジウムに招かれ、12日から韓国入りをしていた。13日には私の問題について記者会見をし、14日にシンポが終わって、ここへやってきた。

墓参の後、京畿道広州市にある「ナヌムの家」に向かった。元慰安婦たち約10人が共同生活を送る福祉施設である。初めての訪問だった。1階の広間で、姜日出（カン・イルチュル）さん、李玉善（イ・オクソン）さん、朴玉善（パク・オクソン）さんの3人の元慰安婦のハルモニたちに会った。ハルモニたちから、「がんばってね」などと激励され、私は彼女たちを抱きしめた。快活な安信権（アン・シングォン）所長は「さまざまな攻撃を受けて、日本で大変な暮らしをしているのではないかと心配している」「工事中の歴史館には宿泊施設もつくる。ぜひまた訪ねてほしい」と言ってくれた。

翌日には、江原道春川市のマンションに住む尹貞玉さんのお宅を訪ねた。尹さんは金学順さんと会った時のことを回想し、「金学順さんは、結局はだまされたんです。満州に行けばお金儲けができると言われて。キーセン学校に通っていたが、キーセンというのは売春婦ではない。

踊りを踊ったり、歌を歌ったり。芸術学校で踊りとかを学んでいたから、お金を稼ごうと。韓国はその時は経済的に難しかったですから」と話した。「慰安婦制度を誰が作り、運営したのですか。証言を疑い始めたらきりがありませんよ」と憤っていた。1925年生まれの尹さんは、しっかりした口調の話しぶりだった。

6泊7日の韓国旅行を終えて、8月19日に札幌に戻った。

帰国してから、韓国では見ることができなかった8月14日の安倍晋三首相の戦後70年談話の記者会見を首相官邸のホームページで見た。

「巧言令色鮮(すくな)し仁」という言葉が浮かんだ。慰安婦問題についても、「私たちは、20世紀において、戦時下、多くの女性たちの尊厳や名誉が深く傷つけられた過去を、この胸に刻み続けます。だからこそ、我が国は、そうした女性たちの心に、常に寄り添う国でありたい。21世紀こそ、女性の人権が傷つけられることのない世紀とするため、世界をリードしてまいります」と、誰が名誉を傷つけたのかも言っていなかった。もともと河野談話の見直しを主張していただけに、国際的な圧力を受けて、このような玉虫色の談話になったのではないかと映像を見ながら思った。

幹事社の質問の後、挙手して最初に指名された記者は、『産経新聞』の阿比留瑠比編集委員だった。阿比留氏はこう聞いた。

「今回の談話には、未来の子供たちに謝罪を続ける宿命を背負わせてはなりませんとある一方で、世代を超えて過去の歴史に真正面から向き合わなければなりませんと書かれています。これはドイツのヴァイツゼッカー大統領の有名な演説の、歴史から目をそらさないという一方で、自らが手を下してはいない行為について、自らの罪を告白することはできないと述べたのに通じるような気がするのですが、総理のお考えをお聞かせください」

ドイツ敗戦40周年の1985年、ドイツの犯した罪責に具体的に言及し「罪の有無、老幼いずれを問わず、われわれ全員が過去を引き受けねばなりません」と語ったヴァイツゼッカー氏の有名な演説「荒れ野の40年」を安倍氏の談話に重ねるという。ほとんど賛美の演説に聞こえた。唖然とした。

架け橋を目指して

10月末、北星学園大学内のある友人から突然、「植村さん、韓国のカトリック大学校で教える気はないだろうか」と言われた。

カトリック大学校は、文系学部だけでなく、医学部や薬学部、音楽科などを擁する総合大学である。ソウル市内に医学部など2つのキャンパスがあり、ソウルに隣接する富川市に本部キャンパスがある。その大学が私を1年間、招いてくれるという。本部キャンパス内のゲストハウスを提供してくれ、同キャンパスの学生たちに教えるという条件だ。

もともと私が北星学園大学で教え始めたきっかけは、「提携校のカトリック大学校からの留学生向け講義をやってほしい」と頼まれたことだ。その大学での教鞭である。とても魅力的な話だった。

この時期、2016年度の雇用が厳しいという報道があり、10月上旬にはインターネットの「News Socra」に「元日本軍慰安婦の記事を書いた元朝日新聞記者、植村隆氏(57)が非常勤講師を務める北星学園大(札幌市)幹部が、次年度の雇用打ち切りもありうると、同氏や関係者に伝えていたことが分かった。昨年から「解雇しないと爆破する」などと脅迫が相次いでいた。最近になって、脅迫や抗議は減ったが、教職員の疲弊と、警備費用のかかりすぎが理由だという」との記事も出ていた。

しかし、私に正式な雇用打ち切りの連絡はなく、再雇用をめぐる学内の審査手続きも始まっていなかった。私を「捏造記者だ」と思っている教員はほとんどいないが、「平穏さを取り戻したい」という理由で、私の再雇用に反対する教職員が多い、というのは事実のようであった。

11月7日、米国講演旅行でお世話になったシカゴ大学名誉教授のノーマ・フィールドさんが、札幌市中心部にある北光教会で「今、いかに本気で「平和」が語れるか」と題する講演を行った。その最後で、ノーマさんは私の雇用継続問題に触れ、「北星学園を非難するつもりはなく、北星がこういう立場に立たされている状況が問題ではないか。それに関して何ができるのか」と問題提起した。そして、こう述べた。

「残念でならないことがあります。北星の教員の中には「平穏な日常を取り戻したい」という意見があるということ。気持ちはもちろんわかりますが、他はどうでもいい、自分の平穏さえ確保されていれば、という考え方は「さかさまの全体主義」を支える願望で、いずれは自分も危機に晒されかねないでしょう」

鋭い指摘だった。数日後、私はカトリック大学校からの話をノーマさんに打ち明けた。ノーマさんは、「植村さんが韓国の大学に行けば、北星側にも少し余裕ができる。それがもう一度、この問題を考える機会になることを期待したい」と話した。そのような側面もあると気づかされた。

私をバッシングしてきた勢力は、私を萎縮させ、追い詰めようとしている。私はそれに負けたくなかった。

2年近く、バッシングと闘うことが中心の生活だった。裁判や国内外での講演会活動などで駆け回り、毎日のように「私は捏造記者じゃない」と言い続けてきた。必死だった。猛烈な勢いで調査し、私に対するバッシングがまったく根拠のない言いがかりに過ぎないことを、改めて証拠によって確認した。『読売新聞』や『産経新聞』のインタビューを受け、証拠を持って彼らに反論した。彼らの批判を論破できたと思う。

一部のメディアのバッシングもトーンダウンしてきた。そのバッシング自体が誤りであったことが、早晩、明白になるだろう。

これからはバッシングと闘い、乗り越えるだけでなく、凍結されていた自分の「夢」も実現せねばならないのではないかと思うようになっていた。そんな時期だけに、この韓国招聘の話はいい機会だと思った。私のやりたかった①ジャーナリスト活動、②教育活動、③研究活動の3つが同時にできる環境である。博士論文の資料収集や調査もできそうだ。韓国では指導を受けられる研究者もいる。ソウル特派員時代のように、ソウル発で雑誌などに現地から原稿を書けるだろう。

11月中旬、仲介の労をとってくれた北星の友人と一緒に、カトリック大学校本部キャンパスを訪問した。

教務の責任者から話を聞いた。一般教養科目を担当し、週1回か2回の講義を韓国語で教えるという。それなら、東京と札幌での裁判にも対応できる。かなり錆ついたが、韓国語もなんとか大丈夫だろう。私は、日韓交流の歴史をたどる講義をしたいと提案した。日本と朝鮮半島の長い交流の歴史を学生と共に学びながら、未来を一緒に考えたいと思ったからだ。教務責任者は「それはいい」と言ってくれた。

キャンパスから仁川の国際空港まではバスで1時間。ソウル、札幌、東京を行ったり来たりするには、いい場所だ。私に与えられる肩書きは、韓国語で招聘教授。英語ではVisiting Professor。日本語で言えば、客員教授である。話は決まった。２０１６年3月から1年間、同大学で働くことになった。

総長室を訪れ、朴永植（パク・ヨンシク）総長に面会した。神父で、故金寿煥（キム・スファン）枢機卿の秘書を務めた経歴がある方だ。２０１２年に、北星学園大学創立50周年記念式典で、札幌を訪問されたことがあり、面識はあった。朴総長はこう言った。

「あなたをお招きするのは、韓国のためでもなく、日本のためでもありません。アジアの平和のためなのです」

この言葉を聞いて、私は大きな使命感を覚えた。

札幌に戻って、北星の田村学長にカトリック大学校へ行くことを報告した。そして次年度は非常勤講師を続けることができないと伝えた。田村学長は安堵したような表情を見せた。そして、教育者としての能力が評価されたことを喜んでくれた。

11月26日、私は田村学長と並んで記者会見に臨んだ。

北星が私と一緒に闘ってくれたこと、多くの方がこの闘いを支援してくれたことに、心からの感謝を述べた。学長は、今回の経験を検証・総括し、広く社会に問いたいと思っていることを表明した。いやがらせのメールや応援の声明文などを資料として公開する考えもあるようだ。

記者から、韓国に逃げたと言われるのではという質問があった。私は「別に逃げ出したわけではない。家が札幌にありますし、私の本拠地は札幌です。来年は講義の都合上、行ったり来たりの生活になります。それだけであります」と答えた。札幌の『産経新聞』の記者も来て、熱心にメモをとっていた。『産経』は私の会見の一問一答をインターネットの「産経ニュース」で流した。

私の雇用を気遣ってくれた人たちも、喜んでくれた。

「ベストではないが、ベターだった」「植村さんと北星が対立することは避けてほしかったので、よい結果だ」。まさに、そうなのだと思う。

12月17日は、大学内で行う最後の講義の日だった。教室の入り口の前で、前期の講義の受講生の女子学生2人が待っていた。日本人学生と台湾人の留学生だった。「先生、先週休講だったでしょう。先週も待っていたのよ」。「何の用だっけ」と聞くと、「先生、韓国に行くから」と言った。別れを告げにきてくれたのだった。

教室に入ると、窓の外に雪が降っているのが見えた。休講後の変更日程だったためか、受講生はふだんの半分以下の5人だった。前々回の講義で、映画『戦場のピアニスト』を鑑賞したので、それに関連する話題を取り上げた。この映画は、ポーランドのユダヤ人ピアニストがナチスの迫害を逃れて生き延びる物語だ。廃墟になったワルシャワの建物内で、ドイツ軍将校に発見されたピアニストは、ピアニストであるという証明のため、ショパンのバラード1番を弾く。それがきっかけで、このドイツ人に助けられる。実話に基づいた作品である。ホロコーストについて皆で学びたかったことに加え、私の大好きなショパンのバラード1番の素晴らしさを受講生たちに伝えたかったので、この作品を選んだのだった。前回の講義では、この映画に登場したドイツ人将校の日記をみんなで輪読した。日記の中で、彼はナチスの暴虐ぶりを批判、良心の呵責に苛まれていた。

今回の授業では、私はヴァイツゼッカー大統領の演説「荒れ野の40年」の重要な部分を日本人学生と交代で輪読して、留学生たちに聞かせた。若い世代とぜひ一緒に読みたい記述があるからだ。それは最後の言葉である。

「ヒトラーはいつも、偏見と敵意と憎悪とをかきたてつづけることに腐心しておりました。若い人たちにお願いしたい。他の人びとに対する敵意や憎悪に駆り立てられることのないようにしていただきたい。(中略)若い人たちは、たがいに敵対するのではなく、たがいに手を取り合って生きていくことを学んでいただきたい」(岩波ブックレットNo.55)

民族や、思想の違いなどによる対立を超えてほしいとヴァイツゼッカー氏は訴えていた。ヘイトスピーチや隣国への嫌悪が横行する現代の日本にも、投げかけられている言葉ではないか。私は講義で「アジアの友人を作ろう」と言い続けてきた。2015年1月に94歳で亡くなった同氏の言葉に、背中を押された気がした。

私もまた、こういう人間でありたいし、そういう若者たちを育てたいと改めて思う。

女子学生の一人は、こんな感想のメールを送ってくれた。

「この演説は、私達みんなに強いメッセージを送っていると思います。私達は未来を担う世代として責任があります。メッセージをよく心に刻んで、誰かや何かへの憎悪に狂うことなく、自らの信念に従って、みんなと手を取り合いながら自由と平和を目指して進んでいきたいと強く思いました」

12月19日は最後の学外講義で、札幌コンサートホールKitaraのベートーベン第九演奏会へ行った。後期の授業の恒例だ。ロビーには教え子11人が集まった。クラシックのコンサートは初めてで緊張気味の学生もいる。広い会場にばらばらに座って、それぞれが第九を聞く。第4楽章が始まった。合唱の声が響く。配付されたパンフレットには、ドイツ語と日本語の対訳の歌詞がある。シラーの作品である。

「時流の厳しく分離したものを御身の魔力に再び結合し、御身の優しき翼の逗る処に全人類は同胞となるのだ。まことの友を友とし獲たる運命に恵まれる者よ、やさしい女性を得たる者よ、歓呼の声を共にせよ！」

歌詞をじっくりと味わいながら、歌声を聴いた。これで、北星での4年間の講義が終わると思ったら、さまざまな思いがこみ上げてきた。

「まことの友を友とし獲たる運命に恵まれる者よ」——今まで、あまり歌詞に気をとめなかったが、この言葉を読んで、これまでの2年間を想った。苦しい時期も長かったが、逆境の中で、支えてくれるたくさんの「まことの友」を得た。旧知の仲間たち、弁護士、学者、ジャーナリスト、大勢の市民の方々。もし、植村バッシングがなければ、こんなにたくさんの「まことの友」たちと、会えなかったはずだ。試練は、出会いという恵みを私に与えてくれた。隣の席の人の目を気にしながら、私は「歓喜」の涙をこぼしていた。

西岡力氏らが被告の東京訴訟に続いて、櫻井よしこ氏らを訴えた札幌訴訟も間もなく始まる。ソウル、札幌、東京を格安航空機で、行ったり来たりする生活になる。

そして、出会いに感謝し、日本と韓国、そしてアジアの国々と日本を結ぶ「架け橋」の一人になりたいと思う。神戸と札幌の空ではなく、「架け橋」を目指してアジアの空を飛ぶ「ノマド」(遊牧民)だ。

私は「捏造記者」ではない。これからも、闘っていく。決して屈しない。

思い出すと今も涙

元朝鮮人従軍慰安婦

戦後半世紀重い口開く

韓国の団体聞き取り

【ソウル10日＝植村隆】日中戦争や第二次大戦の際、「女子挺（てい）身隊」の名で戦場に連行され、日本軍人相手に売春行為を強いられた「朝鮮人従軍慰安婦」のうち、一人がソウル市内に生存していることがわかり、「韓国挺身隊問題対策協議会」（尹貞玉・共同代表、十六団体約三十万人）が聞き取り作業を始めた。同協議会は十日、女性の話を録音したテープを朝日新聞記者に公開した。テープの中で女性は「思い出すと今でも身の毛がよだつ」と語っている。体験をひた隠しにしてきた彼女らの重い口が、戦後半世紀近くたって、やっと開き始めた。

従軍慰安婦だった女性の録音テープを聞く尹代表（右）ら＝10日、ソウル市で植村隆写す

尹代表らによると、この女性は六十八歳で、ソウル市内に一人で住んでいる。最近になって、知人から「体験を伝えるべきだ」と勧められ、「対策協議会」を訪れた。メンバーが聞き始めると、しばらく泣いた後で話し始めたという。

女性の話によると、中国東北部で生まれ、十七歳の時、だまされて慰安婦にされた。二、三百人の部隊がいる中国南部の慰安所に連れて行かれた。慰安所は民家を使っていた。五人の朝鮮人女性がおり、一人に一室が与えられた。女性は「春子」（仮名）と日本名を付けられた。一番年上の女性が日本語を話し、将校の相手をしていた。残りの四人が一般の兵士二、三百人を受け持ち、毎日三、四人の相手をさせられたという。

「監禁されて、逃げ出したいという思いしかなかった。相手が来ないように思いつづけた」という。また週に一回は軍医の検診があった。数カ月働かされたが、逃げることができ、戦後になってソウルへ戻った。結婚したが夫や子供も亡くなり、現在は生活保護を受けながら、暮らしている。

女性は「何とか忘れて過ごしたいが忘れられない。あの時のことを考えると腹が立って涙が止まらない」と訴えている。

朝鮮人慰安婦は五万人とも八万人ともいわれるが、実態は明らかでない。尹代表らは「この体験は彼女だけのものでなく、あの時代の韓国女性たちの痛みなのです」と話す。九月からは、事務所内に、挺身隊犠牲者申告電話を設置する。

昨年十月には三十六の女性団体が、挺身隊問題に関して海部首相に公開書簡を出すなど、韓国内でも関心が高まり、十一月に「同協議会」が結成された。十日には、「韓国放送公社」（KBS）の討論番組でも、挺身隊問題が特集された。

『朝日新聞』大阪本社版 1991 年 8 月 11 日の植村隆の記事

語りあうページ

手紙 女たちの太平洋戦争

かえらぬ青春 恨の半生

日本政府を提訴した 元従軍慰安婦・金学順さん

韓国の「太平洋戦争犠牲者遺族会」の元朝鮮人従軍慰安婦、元軍人・軍属やその遺族三十五人が今月六日、日本政府を相手に、戦後補償を求める裁判を東京地裁に起こした。慰安婦だった原告は三人。うち二人は匿名だが、金学順（キム・ハクスン）さん(67)＝ソウル在住＝だけは実名を出し、来日した。元慰安婦が裁判を起こしたのは初めてのことだ。裁判の準備のため、弁護団と「日本の戦後責任をハッキリさせる会」（ハッキリ会）は四度にわたり韓国を訪問した。弁護士らの元慰安婦からの聞き取り調査に同行し、金さんから詳しい話を聞いた。恨（ハン）の半生を語るその証言テープを再現する。（社会部・植村　隆）

17歳の春

「私は満州（現中国東北部）の吉林省の田舎で生まれました。父が、独立軍の仕事を助ける民間人だったので満州にいたのです。私が生後百日位の時、父が死に、その後、母と私は平壌へ行きました。貧しくて学校は、普通学校（小学校）四年で、やめました。その後は子守をしたりして暮らしていました」

「『そこへ行けば金もうけができる』。こんな話を、地区の仕事をしている人に言われました。仕事の中身はいいませんでした。近くの友人と二人、誘いに乗りました。十七歳（数え）の春（一九三九年）でした」

「平壌駅から軍人たちと一緒の列車に乗せられ、三日間。北京を経て、小さな集落に連れて行かれました。怖かったけれど、我慢しました。真っ暗い夜でした。私と、友人は将校のような人に、中国人が使っていた空き家の暗い部屋に閉じ込められたのです。鍵（かぎ）をかけられてしまいました。しまったと思いました」

「翌朝、隣の声に気づきました。隣には三人の朝鮮人の女性がいました。その人たちから『おまえたちは、本当にばかなことをした。こんなところに来て』と言われました。逃げなければならないと思ったのですが、周りは軍人でいっぱいでした。友人と別にされ、将校に『言う通りにしろ』と言われました」

「将校は私を暗い部屋に連れて行って、『服を脱げ』と言いました。恐ろしくて、従うしかありませんでした。そのときのことは、しゃべることさえ出来ません。夜明け前、目が覚めると将校が横で寝ていました。殺したかった。でも、出来ませんでした。私が連れて行かれた所は、『北支（中国北部）カッカ県テッペキチン』というところだということが後で分かりました」

ウソは許せない 私が生き証人

赤塀の家

「この慰安所は赤い塀の家でした。近くには民間人はいません。軍と私たちだけでした。五人の女性がおりました。二十二歳で最年長のシズエは将校だけを相手にしていました。サダコ、ミヤコ、それに友人のエミコ。私はアイコと呼ばれていました。近くの部隊は三百人ぐらいでした。その部隊について、移動するのです」

「軍人たちは、サックをもってきました。朝八時を過ぎたら、やって来て、夜は将校が泊まることもありました。休む暇はありませんでした。長い人でも三十分以内でした。でないと外から声がするのです。多いときは二十人以上相手することもありました。しかし、戦闘の時は、静かでした。『ダ、ダ、ダ』という銃撃の音が聞こえるときもありました。お金などはもらったことありません」

「食べ物は軍人たちがもって来ました。米やミソ、おかずなど。台所があり、自分たちで作って食べました」

「テッペキチンには一カ月半いて、また別のところに移動しましたが、名前は覚えていません。そうこうするうちに、梅毒になりました」

「ずっと逃げたいと思っていました。そんなある夜、私の部屋に、男の人が忍びこんできました。びっくりしましたが、その人は、『私も朝鮮人で寝るところがなくて来た』と言いました。両替商をしているという、その人に助けてくれるように頼み、一緒に逃げました。他の人まで連れて行くような余裕はありませんでした。その年の秋のことでした」

関与の事実を 認めて謝罪を

解放の後

「南京、蘇州などを経て、上海へ行き、その人と夫婦になりました。質屋をやり、娘と息子が生まれました。一九四六年の夏に、船で仁川へ戻り、ソウルの難民収容所に入りました。そこで娘が死にました。そのあと、ソウルで部屋を借り、私はノリ売りの商売を始め、夫は掃除夫になりました」

「夫は酒を飲むと、『お前が慰安所にいたのを助けてやったではないか』と言って、私を苦しめました。その夫も、朝鮮戦争の動乱の中で死に、息子を育てながら行商しながら生活していました。しかし、その息子も小学校四年の時に水死しました」

「生きていこうという気持ちもなくなりました。死ぬことしか考えませんでした。全羅道、慶尚道、済州道など全国を転々としました。酒やたばこをやり、人生を放棄したような生活を続けていました。十年ぐらい前に、これじゃだめだと思い始めました。ソウルに来ました。家政婦をやったお金で、小さな部屋を借りています。私の不幸は慰安所に足を踏み入れてから、始まったのです。この恨みをどこにぶつけようか。だれにも言えず苦しんでいました。今は月に米十㌔と三万ウォン（約五千二百円）の生活保護を貰っています」

募る怒り

「いくらお金をもらっても、捨てられてしまったこのからだ、取り返しがつきません。日本政府は歴史的な事実を認めて、謝罪すべきです。若い人がこの問題をわかるようにして欲しい。たくさんの犠牲者がでています。碑を建ててもらいたい。二度とこんなことは繰り返して欲しくない」

「日本政府がウソを言うのがゆるせない。生き証人がここで証言しているじゃないですか」

◇

これまで韓国に戻った元慰安婦たちは、沈黙を続けていた。ところが、昨年六月、日本政府は強制連行に関する国会で「従軍慰安婦は民間業者が連れ歩いた」など軍や政府の関与を否定する答弁をし、その後も「資料がない」などと繰り返してきた。こうしたニュースを聞いた金学順さんは、「自分が生き証人だ」と今年夏に、はじめて名乗りでた。原告三人の外にも最近、体験を公表する女性が出て来た。

一方、ハッキリ会（03・5466・0692、東京都渋谷区渋谷2の5の9パル青山303）も慰安婦に関する情報を集めるなど調査を続けている。

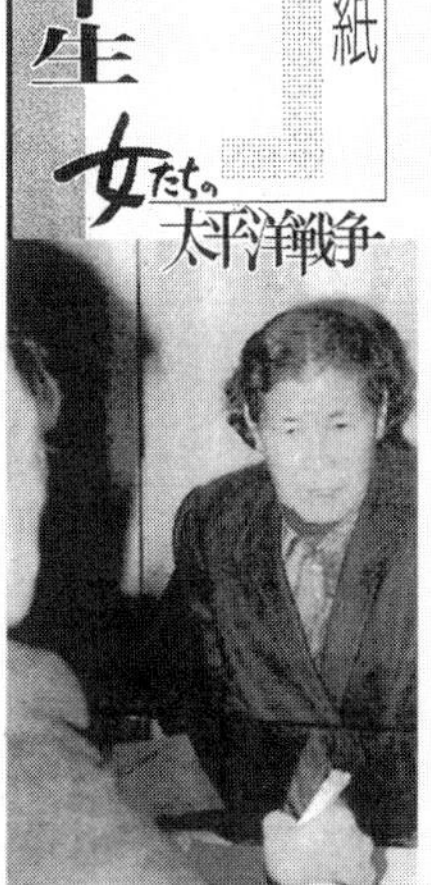

弁護士に対して、慰安所での体験を語る金学順さん＝11月25日、ソウル市内で

『朝日新聞』大阪本社版 1991 年 12 月 25 日の植村隆の記事

2014.2.6
週刊文春

"慰安婦捏造"朝日新聞記者がお嬢様女子大教授に

「記者だったら、自分が書いた記事ぐらいきちんと説明してもらえませんか」

　小誌記者の呼びかけに、その男は五十過ぎとは思えないほどの勢いで猛然と走り出し、タクシーに乗って逃げた。いわゆる従軍慰安婦問題を最初に報じた朝日新聞の記者が見せた姿だ。

　その問題の記事が載ったのは、一九九一年八月十一日。朝日は当時、大阪本社社会部にいた植村隆記者の署名で〈「女子挺身隊」の名で戦場に連行され、日本軍人相手に売春行為を強いられた「朝鮮人従軍慰安婦」のうち、1人がソウル市内に生存していることがわかった〉（大阪本社版）とする記事を掲載した。

　これをきっかけに朝日は慰安婦問題を次々と取り上げ、元陸軍軍人の「済州島から慰安婦を拉致して戦場に送り込んだ」などの証言を根拠に、日本軍による「強制連行」があったとの主張を大々的に展開していく。

　これに韓国世論が激高すると、九三年に当時の河野洋平官房長官が裏づけとなる資料が発見されないまま、慰安婦の移送に「旧日本軍が直接あるいは間接に関与した」とする、いわゆる河野談話を発表。日本政府が強制連行を認めたとの印象を世界中に与え、今日まで日本が言われなき批判を浴び続ける事態を招いた。

　だが、朝日の報道には、その後の研究で重大な誤りがあったことが明らかになっている。この問題を調査した東京基督教大学教授の西岡力氏が指摘する。

「植村記者の記事には、『挺身隊の名で戦場に連行され』とありますが、挺身隊とは軍需工場などに勤労動員する組織で慰安婦とは全く関係がありません。しかも、このとき名乗り出た女性は親に身売りされて慰安婦になったと訴状に書き、韓国紙の取材にもそう答えている。植村氏はそうした事実に触れずに強制連行があったかのように記事を書いており、捏造記事と言っても過言ではありません」

　ちなみに植村記者の妻は韓国人で、その母親は慰安婦支援団体の幹部を務めていた人物だ。

　また、強制連行があった根拠として朝日が引用した元軍人による証言も、現代史家の秦郁彦氏による済州島での調査で、その内容が虚偽であることが明らかになった。昨年五月には、ライバル紙の読売新聞から『挺身隊の名で強制連行した』と事実関係を誤って報じた」と断定される始末。

　ところが、これらの指摘に朝日は誤報を認めようとしなかった。若宮啓文前主筆が著書の中で、「元軍人の話を信じて、確認のとれぬまま記事にするような勇み足もあった」と弁明したこともあったが、"勇み足"で済まされる次元の話ではない。

「誤った記事で日韓関係ばかりでなく日本の国際的イメージを悪化させた朝日の責任は極めて重大。朝日はきちんとした総括をすべきです」（前出・西岡氏）

　総括すべきなのは、最初に署名入りで報じた植村記者も同じだ。だが、なんと今年三月で朝日新聞を早期退社し、四月から神戸を代表するお嬢様女子大、神戸松蔭女子学院大学の教授になるのだという。

「植村さんはソウル特派員や外報部デスクを経て、現在は北海道の函館支局長。大学の教授には公募で決まり、本人は『ライフワークである日韓関係や慰安婦問題に取り組みたい』と言っているようです」（朝日新聞関係者）

　大学で研究活動に入る前に自らの誤報について検証すべきではないか。函館支局で質問をぶつけようとしたが、植村氏は「広報を通してほしい」の一点張り。後は冒頭の通りで記者とは思えない振る舞いだ。

　朝日は不都合な真実にいつまで頬被りをするつもりなのか。日本が失った国益はあまりにも大きい。

朝日はいまだに頬被り

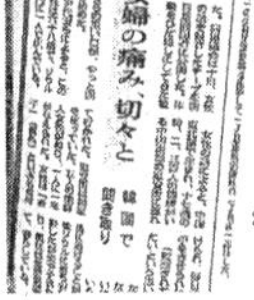

23年前の朝日の記事（東京本社版）

28

『週刊文春』2014年2月6日号（1月30日発売）の記事

『朝日新聞』2014年8月5日の記事「慰安婦問題を考える(上)」

「元慰安婦、初の証言」の記事について

「女子挺身隊」「連行」の記述訂正

「日中戦争や第2次大戦の際、『女子挺身隊』の名で戦場に連行され、日本軍人相手に売春行為を強いられた『朝鮮人従軍慰安婦』のうち、1人がソウル市内に生存していることがわかり……」（91年8月11日付朝刊社会面〈大阪本社版〉）

これは、「元朝鮮人従軍慰安婦　戦後半世紀重い口開く」との見出しで掲載した記事の前文部分です。記事は、韓国人の元慰安婦の一人が初めて、自らの過去を「韓国挺身隊問題対策協議会」に証言したことを、録音テープをもとに伝えました。

しかし、同記事の本文はこの女性の話として「だまされて慰安婦にされた」と書いています。この女性が挺身隊の名で戦場に連行された事実はありません。

前文の「『女子挺身隊』の名で戦場に連行され」とした部分は誤りとして、おわびして訂正します。

第三者委員会に対し、筆者の植村隆・元記者(56)は「あくまでもだまされた事案との認識であり、単に戦場に連れて行かれたという意味で『連行』という言葉を用いたに過ぎず、強制連行されたと伝えるつもりはなかった」との趣旨の説明をしたといいます。

第三者委は報告書で、「だまされた」事例であることをテープ聴取で明確に理解していたにもかかわらず、この前文の表現は「『女子挺身隊』と『連行』という言葉の持つ一般的なイメージから、強制的に連行されたという印象を与える」などと指摘しました。

また報告書は、挺身隊と慰安婦の混同について、91年から92年ごろにかけて両者の違いが急速に意識されるようになるまでは、「両者を混同した不明確な表現が朝日新聞に限らず多く見られたという実態があった」との見解を示しました。朝日新聞は今年8月の検証記事で、この記事に「意図的な事実のねじ曲げはない」と結論づけました。報告書はそれだけでなく、「読者に正確な事実を伝えるという観点から、前文部分の記載内容も含め、さらに踏み込んで検討すべきであった」としました。

この指摘についても、重く受け止めます。

この記事に
覧できるデー
身隊の混同が
誤用したこと
をつけていま
て、「この女
戦場に連行さ
せん」といっ
けます。

慰安婦報道
第三者委報告書

第三者委　元記者の「事実ねじ曲げ」否定

植村氏が91年に書いた記事2本には、他メディアから疑問が示されていました。

一つは、91年8月、録音テープの提供を受けて元慰安婦の証言を匿名で報じた際、後に元慰安婦らの裁判を組織した韓国の別団体「太平洋戦争犠牲者遺族会」の幹部だった義母のつてで取材し、裁判を有利に進めるために記事を書いたり内容を変えたりしたのではないかという疑問です。

この点について第三者委は、植村氏から「ソウル支局長から紹介を受けて挺対協のテープにアクセス（接触）した」という説明を受けたとし、前年に韓国で元慰安婦を捜す取材をした経緯も踏まえ、この説明を「不自然ではない」としました。北海道新聞が直後にこの元慰安婦を直接取材し、実名で報じたことにも触れ、「記事を書くについて特に有利な立場にあったとは考えられない」「縁戚関係にある者を利する目的で事実をねじ曲げた記事が作成されたともいえない」と結論づけました。

また、この元慰安婦がキーセン（妓生）を育成するための学校に通っていた経歴を書かなかったことへの疑問も出ていました。報告書は、植村氏が続報記事「かえらぬ青春　恨の半生」（91年12月25日付大阪本社版朝刊5面）を書いた時点で、この元慰安婦らが起こした裁判の訴状などから経歴を知っていたとし、こう指摘しました。

「キーセン学校のことを書かなかったことにより、事案の全体像を正確に伝えなかった可能性はある。『キーセン』イコール慰安婦ではないとする（植村氏の）主張は首肯できるが、それならば、判明した事実とともに、キーセン学校がいかなるものであるか、そこに行く女性の人生がどのようなものであるかを描き、読者の判断に委ねるべきであった」

『朝日新聞』2014年12月23日の記事

慰安婦問題を報じた主な記事のうち「挺身隊」という言葉が出てくる部分
（1984〜91年：「　」は記事の見出し、植村作成）

●1984年8月25日　朝日新聞朝刊
「日本に謝罪と補償求めよ　クリスチャンの韓国女性七団体　全大統領に公開書簡」

戦時中動員された韓国人女子てい身隊（軍慰安婦）に対する日本政府の謝罪などを求めるよう、

●1987年8月14日　読売新聞東京本社版夕刊
「従軍慰安婦の実態伝える　劇団夢屋第三作　女子挺身隊の悲劇」

特に昭和十七年以降「女子挺身隊」の名のもとに、日韓併合で無理やり日本人扱いをされていた朝鮮半島の娘たちが、多数強制的に徴発されて戦場に送りこまれた。彼女たちは、砲弾の飛び交う戦場の仮設小屋やざんごうの中で、一日に何十人もの将兵に体をまかせた。

●1991年6月4日　毎日新聞朝刊
「アジアの平和を考える　北朝鮮、韓国、日本が初の女性シンポ　従軍慰安婦テーマ」

尹元教授によると、（中略）戦争が激しくなると、十四歳から三十歳以上、中には子持ちの女性も「女子挺身隊」の名目で強制的に戦地に送られ、日本兵の相手を強要された。

●1991年7月12日　毎日新聞朝刊
「『アリランのうた―オキナワからの証言』完成　4年がかり、在日2世の女性監督」

また「女子挺身隊」などの名目で徴発された朝鮮人女性たちは自由を奪われ、各地の慰安所で兵士たちの相手をさせられた。中には十五、六歳の女性もいたという。

●1991年7月18日　朝日新聞朝刊
「朝鮮人従軍慰安婦に光を　日韓で女性団体、補償など要求」

日中戦争から太平洋戦争のさなか、朝鮮の女性たちが「女子挺身（ていしん）隊」の名で日本軍の従軍慰安婦として各地の戦場に送られた。戦後四十六年たったいま、歴史の暗部に埋もれたこの問題の掘り起こしが急ピッチで進んでいる。

●1991年7月31日　朝日新聞朝刊
「朝鮮人従軍慰安婦問題、南北共同で補償要求」

日中戦争や太平洋戦争で、「女子挺身（ていしん）隊」の名で戦場に送られた朝鮮人従軍慰安婦の実態を調査している韓国挺身隊問題対策協議会（十六団体、約三十万人）の尹貞玉・共同代表

●1991年8月11日　朝日新聞大阪本社版朝刊

「元朝鮮人従軍慰安婦　戦後半世紀重い口開く」

【ソウル10日＝植村隆】日中戦争や第二次大戦の際、「女子挺(てい)身隊」の名で戦場に連行され、日本軍人相手に売春行為を強いられた「朝鮮人従軍慰安婦」のうち、一人がソウル市内に生存していることがわかり、「韓国挺身隊問題対策協議会」(尹貞玉・共同代表、十六団体約三十万人)が聞き取り作業を始めた。

●1991年8月15日　北海道新聞朝刊

「「日本政府は責任を」　韓国の元従軍慰安婦が名乗り」

戦前、女子挺(てい)身隊の美名のもとに従軍慰安婦として戦地で日本軍将兵たちに凌(りょう)辱されたソウルに住む韓国人女性が十四日、韓国挺身隊問題対策協議会(本部・ソウル市中区、尹貞玉・共同代表)に名乗り出、北海道新聞の単独インタビューに応じた。(中略)この女性はソウル市鍾路区忠信洞、金学順さん(六七)

●1991年8月24日　読売新聞大阪本社版朝刊

「朝鮮人の従軍慰安婦問題　真相解明に協力を　韓国の団体代表・尹貞玉さんが来日」

連行された約二十万人の女子挺身隊のうち「慰安婦」として戦地に送られたのは八万人から十万人とみられている(中略)。ソウルの金学順さん(六八)もそんな一人。

●1991年9月3日　産経新聞大阪本社版朝刊

「朝鮮人慰安婦問題を考える　大阪市立労働会館で集い」

第二次世界大戦中「挺身隊」の名のもとに、従軍慰安婦として戦場にかりだされた朝鮮人女性たちの問題を考えようという集い

●1991年10月25日　産経新聞大阪市内版

「従軍慰安婦考える　あす豊中で創作劇上演」

日中戦争から太平洋戦争のさなか、「女子挺身隊」の名で、戦場に赴いた朝鮮人従軍慰安婦。

●1991年12月3日　読売新聞東京本社版朝刊

「「従軍慰安婦」で提訴へ」

第二次大戦中に「女性挺身隊」として強制連行され、日本軍兵士相手に売春を強いられたとして、韓国人女性三人を含めた韓国人被害者三十五人が今月六日、日本政府を相手取り、一人当たり二千万円、総額七億円の補償請求訴訟を東京地裁に起こす。

●1991年12月9日　毎日新聞夕刊

「従軍慰安婦問題は過去のことではない　韓国挺身隊問題対策協代表、尹貞玉さんに聞く」

従軍慰安婦問題は、韓国では一般に「挺身隊問題」と呼ばれている。

「私たちにとっては、挺身隊が即ち従軍慰安婦なんです。戦争中、女子挺身隊の名で徴用された女性たちの多くが、慰安婦にされたのですから」

慰安婦問題と植村隆をめぐる主な経緯

（『週刊金曜日』2015年10月30日（1061号）・11月27日（1065号）より追加・訂正を施し作成）

〈1990年〉

1月　韓国紙『ハンギョレ』が尹貞玉・梨花女子大学校教授の「挺身隊『怨念の足跡』取材記」を4回にわたり連載

6月6日　参議院予算委員会で、労働省職業安定局長が「（「慰安婦」は）民間の業者が軍とともに連れて歩いている」と答弁

夏　植村、大阪本社社会部員として、元「慰安婦」の証言を求めて、韓国を約2週間取材。証言は聞けなかった

11月16日　慰安婦問題の解決を目指す「韓国挺身隊問題対策協議会」（挺対協）結成

〈1991年〉

8月11日　植村、『朝日新聞』大阪本社版で元朝鮮人従軍「慰安婦」の一人（匿名）が挺対協に初めて体験を証言したという記事を、韓国メディアに先んじて報道

8月14日　この元「慰安婦」（金学順さん）が名乗り出て記者会見。『北海道新聞』は単独インタビュー。金さんの名乗り出で、元「慰安婦」が次々と名乗り出ることに

12月6日　金学順さんら、日本政府に謝罪と賠償を求めて、東京地裁に提訴

12月25日　植村、大阪本社版で、11月25日に弁護団が金学順さんから聞き取った内容を紹介

〈1992年〉

1月11日　『朝日』が、「慰安所　軍関与示す資料」などの見出しで、旧日本軍が慰安所の設置や募集を監督、統制したことなどを示す文書が防衛庁防衛研究所図書館で見つかったと報道

1月16日　宮澤喜一首相が訪韓。17日の首脳会談で、盧泰愚大統領に「慰安婦」問題で謝罪

3月　月刊『文藝春秋』4月号で、西岡力氏が「重大な事実誤認」などと植村の記事を批判

〈1993年〉

8月4日　河野洋平官房長官は、「慰安婦」の募集、移送、管理などで全体として強制性があったと認め、「お詫びと反省」を表明（河野談話）

〈1995年〉

7月19日　政府主導で元「慰安婦」に「償い金」などを支給する「女性のためのアジア平和国民基金」（アジア女性基金）が発足

8月15日　村山富市首相が、「植民地支配と侵略」への反省とお詫びを表明（村山談話）

〈1996年〉

4月19日　国連人権委員会がクマラスワミ報告書について、「留意する」とした「女性に対する暴力」決議を採択

〈1997年〉

2月27日　安倍晋三氏ら自民党議員が、慰安婦問題の記述など歴史教科書の見直しを求める「日本の前途と歴史教育を考える若手議員の会」（中川昭一代表）を結成。安倍氏が事務局長

〈1998年〉

6月　西岡氏の植村批判がエスカレート。『正論』7月号で、植村の記事を「捏造報道」「捏造記事」と表現

10月8日　金大中韓国大統領、小渕恵三首相と「日韓共同宣言」

〈2000年〉

11月13日　森喜朗首相ら閣僚がアジア女性基金に175万円寄付

〈2007年〉

3月16日　第一次安倍内閣が「軍や官憲によるいわゆる強制連行を直接示すような記述も見当らなかった」との答弁書を閣議決定

3月31日　アジア女性基金、解散

6月14日　櫻井よしこ氏ら「歴史事実委員会」、『ワシントン・ポスト』に「「慰安婦」強制性」を否定する意見広告。西岡氏の名も

7月30日　米下院本会議が、慰安婦問題で日本政府に謝罪を求める決議を採択

〈2011年〉

8月30日　韓国憲法裁判所が、元「慰安婦」らへの個人補償が日韓請求権協定の例外にあたるのかどうかについて、韓国政府が日本政府と交渉しないことは「憲法違反」と判断

12月14日　ソウルの日本大使館前での「水曜デモ」が1000回に。挺対協が「慰安婦」を象徴する少女像を設置

〈2012年〉

4月　植村、札幌市の北星学園大学（以下「北星」と略）の非常勤講師に

9月14日　自民党総裁選の共同記者会見。翌日の『産経新聞』によると、安倍晋三元首相が河野談話について、「私たちの子孫にこの不名誉（慰安婦強制連行）を背負わせるわけにはいかない。国内、国外に対し、新たな談話を出すべきだ」と主張

10月29日　『産経』阿比留瑠比編集委員、『破壊外交』（産

経新聞出版)発行。「植村隆記者が(中略)あたかも日本軍に強制連行されたかのように紹介して慰安婦問題を捏造しました」と記述

12月26日　第二次安倍内閣成立

〈2013年〉

7月30日　米カリフォルニア州グレンデールに、市民団体が米国で最初の「慰安婦」像設置

10月16日　『産経』、元「慰安婦」16人の聞き取り調査報告書を入手し、報道。「ずさんだったと判明したことで、河野談話の正当性は根底から崩れた」

12月　植村、神戸松蔭女子学院大学(以下「松蔭」と略)に公募で採用され、専任教授雇用契約

〈2014年〉

1月1日　『産経』が1面トップで「河野談話　日韓で「合作」」と報道」

1月30日　『週刊文春』2月6日号が「〝慰安婦捏造〟朝日新聞記者がお嬢様女子大教授に」という記事を掲載。直後から植村の解任を求めるメールなどが松蔭へ殺到

2月1日　『WiLL』編集長・花田紀凱氏、『産経』のコラムで『週刊文春』記事を紹介し、「こんな記者が、女子大でいったい何を教えることやら」と書く

3月上旬　話し合いで、松蔭との雇用契約を合意解除

3月末　朝日新聞社を早期退社(55歳)

5月上旬　北星に非常勤講師の植村の解雇を求めるメール、電話など抗議が押し寄せ始める

5月23日　『産経』、植村の勤務先として北星の名を記事に明記

5月末　北星に脅迫状が初めて届く

6月20日　日本政府、河野談話の作成過程などの検証報告書を発表

7月末　北星に再び脅迫状が届く

8月5日　『朝日新聞』が慰安婦問題検証記事で、植村の記事について「事実のねじ曲げない」と捏造を否定。吉田清治証言を伝えた記事16本の取り消し発表(最終的には18本)

8月6日　『週刊文春』8月14日・21日号が、植村が北星で教えているとの内容の記事を掲載

8月7日　『産経』、次世代の党の山田宏幹事長が植村の国会参考人招致を求める考えを示したと報道

8月上旬　北星へのメールや電話など攻撃が激しくなる

8月16日　『産経』、自民党有志の「日本の前途と歴史教育を考える議員の会」での櫻井よしこ氏の講演内容を報道。同氏は『朝日』の「慰安婦」報道を批判し、「廃刊にすべきだと考えている」と発言

8月29日　『読売新聞』、連載「検証　朝日「慰安婦」報道(2)」で、「「日本軍に強制連行され、慰安婦にさせられた女性」という印象を前面に出している」などと、植村の記事を批判的に報道

9月1日　櫻井よしこ氏、『産経』のコラムに「潰すべきは「河野談話」」と書く

9月8日　札幌市内の女性が北星への「応援メール」運動を始める

9月11日　朝日新聞社・木村伊量社長記者会見、吉田清治証言の記事訂正の遅れなどを謝罪

9月12日　北星へ男の声で「爆弾を仕掛けてやる」と電話(10月23日に新潟の男が威力業務妨害容疑で逮捕。のち略式起訴、罰金30万円)

9月13日　帝塚山学院大学(大阪府大阪狭山市)に、元朝日記者の教授を辞めさせないと大学側に危害を加えるという趣旨の脅迫状が届く。教授は同日、辞職

9月30日　『読売』、『徹底検証　朝日「慰安婦」報道』(中央公論新社)を出版。植村の記事を「強制連行が被害者側から裏付けられたとして大きな反響を呼んだ」と記述

10月6日　北星を応援する「負けるな北星！の会」(マケルナ会)が発足

10月17日　『産経』、「『歴史戦』きょう発売」との社告。同書序章で阿比留編集委員、植村の記事について「記事では金は匿名となっていたが、親から売られたという事実への言及はなく、強制連行の被害者と読める書きぶり」と書く

11月7日　全国380人の弁護士が、北星への脅迫状事件で容疑者不詳のまま威力業務妨害容疑で、札幌地検に告発状を提出

12月3日　米紙『ニューヨーク・タイムズ』、北星・植村事件を報道

12月10日　植村、『文藝春秋』に手記発表。その後、『世界』『創』へも発表

12月12日　読売新聞社、抗議書を朝日新聞経由で植村に送付。読売の取材姿勢を批判した『文藝春秋』手記に対し、「読売新聞社の名誉を不当に毀損しており、謝罪と訂正を求める」との内容。その後、植村は「謝罪、訂正の考えはないが、インタビューは受ける」と回答

12月17日　北星、植村との契約を来年度も継続することを発表

12月22日　朝日新聞社第三者委員会、報告書発表

〈2015年〉

1月9日　植村、名誉毀損で東京地裁に提訴。被告は西岡力氏(東京基督教大学教授)と『週刊文春』

を発行する文藝春秋

1月13日　植村、札幌で『読売』のインタビューを受ける。いまだ記事は掲載されず「幻のインタビュー」に

1月30日　植村の言論活動や裁判を支援する「植村応援隊」発足

2月2日　北星に、植村の娘を殺害するなどの内容の脅迫状が届く

2月7日　植村・東京弁護団事務局長の弁護士事務所に、いやがらせのファックス431枚が送りつけられる

2月10日　植村、名誉毀損で札幌地裁に提訴。被告はジャーナリスト櫻井よしこ氏と『週刊新潮』を発行する新潮社、『WiLL』発行元のワック、『週刊ダイヤモンド』発行元のダイヤモンド社

2月23日　秦郁彦氏、『産経』の「正論」で、植村に関して「日本メディアの取材を拒否し、手記も公表していない」などと事実誤認の記述(『産経』。6月8日、「おわび」を掲載)

4月28日〜5月9日　植村、米国の6大学(シカゴ、デユポール、マーケット、ニューヨーク、プリンストン、UCLA)の招待で訪米し、計8回の講演

7月30日　植村、札幌で『産経』の阿比留編集委員らのインタビューを受ける

8月4日　『産経』、植村のインタビューなどを報道。植村の指摘を受けて、「慰安婦報道をめぐり、産経新聞も過去に「強制連行」「挺身隊」の用語を使用したことがありました」とする記事を掲載

8月12〜19日　植村、訪韓。慰安婦問題の国際シンポへ参加し、金学順さんの墓参

8月29日〜9月7日　インターネットの「産経ニュース」、植村インタビュー詳報を10回にわたって紹介

10月30日　植村、『週刊金曜日』で『産経』との言論戦を報告する連載を開始。12月11日まで計6回

11月26日　植村、北星の田村信一学長と共に記者会見。「次年度は韓国のカトリック大学校客員教授に就任する」と発表

12月28日　日韓両政府はソウルで外相会談を開き、慰安婦問題を決着させることで合意。日本政府が軍の関与や政府の責任を認め、元慰安婦支援で韓国政府が設立する財団に約10億円を拠出することなどを表明

金学順さんの証言の各紙掲載内容(『週刊金曜日』2015年11月13日号より)

掲載紙	年月日	中国行き・慰安婦にされた事情
朝日新聞大阪本社版	1991年8月11日	・だまされて慰安婦にされた.200-300人の部隊がいる中国南部の慰安所に連れて行かれた.
	1991年12月25日(同年11月25日の弁護団聞き取りに同席し,取材)	・「「そこへ行けば金もうけができる」.こんな話を,地区の仕事をしている人に言われました.仕事の中身はいいませんでした.近くの友人と2人,誘いに乗りました」 ・「平壌駅から軍人たちと一緒の列車に乗せられ,3日間.北京を経て,小さな集落に連れて行かれました」 ・「空き家の暗い部屋に閉じ込められ(中略)鍵(かぎ)をかけられてしまいました」 ・(翌朝,隣の3人の朝鮮人女性たちから)「「おまえたちは,本当にばかなことをした.こんなところに来て」と言われました.逃げなければならないと思ったのですが,周りは軍人でいっぱいでした」 ・「将校は私を暗い部屋に連れて行って,「服を脱げ」と言いました.恐ろしくて,従うしかありませんでした.そのときのことはしゃべることさえ出来ません.夜明け前,目が覚めると将校が横で寝ていました」 ・「「北支(中国北部)カッカ県テッペキチン」というところだということが後で分かりました」
北海道新聞	1991年8月15日	・16歳だった1940年,中国中部の鉄壁鎮というところにあった日本軍部隊の慰安所に他の韓国人女性3人と一緒に強制的に収容された. ・「養父と,もう1人の養女と3人が部隊に呼ばれ,土下座して許しを請う父だけが追い返され,何がなんだか分からないまま慰安婦の生活が始まった」
ハンギョレ	1991年8月15日	・3年間の検番生活を終えた金さんが最初の就職だと思って検番の養父についていった所は,兵士300人余りが所属する北中国・鉄壁鎮の日本軍小部隊の前だった. ・「私を連れて行った養父も当時,日本軍に金ももらえず,私を武力で奪われたようでした」
産経新聞大阪本社版	1991年12月7日	・日本軍に強制的に連行され,中国の前線で,軍人の相手をする慰安婦として働かされた.
	1993年8月31日	・日本軍の目を逃れるため,養父と義姉の3人で暮らしていた中国・北京で強制連行された. ・食堂で食事をしようとした3人に,長い刀を背負った日本人将校が近づいた./「お前たちは朝鮮人か.スパイだろう」/そう言って,まず養父を連行. ・金さんらを無理やり軍用トラックに押し込んで一晩中,車を走らせた. ・着いたのは,鉄壁鎮(チョルピョクチン)という村だった.

あとがき

この本の原稿を書き上げた数日後のことだった。２０１５年12月28日にソウルで行われた、慰安婦問題をめぐる日韓外相会談の発表の同時中継放送を札幌の自宅で聞いていた。「慰安婦問題は、当時の軍の関与の下に、多数の女性の名誉と尊厳を深く傷つけた問題であり、かかる観点から、日本政府は責任を痛感している」

岸田文雄外相の声を聞きながら、驚いた。これは１９９３年の河野談話の踏襲ではないか。岸田氏は続けた。「安倍内閣総理大臣は、日本国の内閣総理大臣として改めて、慰安婦として数多の苦痛を経験され、心身にわたり癒しがたい傷を負われた全ての方々に対し、心からおわびと反省の気持ちを表明する」

かつて安倍首相は、河野談話の見直しを主張していたが、２０１５年4月には日米首脳共同会見で「河野談話を継承し、見直す考えはない」と述べた。今回の外相会談の合意はそれを上書きするものだ。突然になされ、被害者の元慰安婦たちへの意見聴取も行われず、首相の謝罪も「伝言」であるなど、問題点は多い。しかし、慰安婦問題の打開の契機と捉えるべきだろう。被害者は次々と亡くなっており、残された時間はほとんどないのだ。

河野談話は、「記憶」の継承を宣言する。「われわれはこのような歴史の真実を回避することなく、むしろこれを歴史の教訓として直視していきたい。われわれは、歴史研究、歴史教育を通じて、このような問題を永く記憶にとどめ、同じ過ちを決して繰り返さないという固い決意を改めて表明する」

この言葉こそ、慰安婦問題解決の礎石だと思う。改めてこの言葉を心に刻み、ジャーナリストとして今回の合意の「その後」を取材していきたい。

一枚の写真が手元にある。訪韓した小渕恵三外相（当時）が、韓国の金大中大統領（当時）の揮毫した書を掲げている。墨痕鮮やかに「敬天愛人」とあった。1998年3月、ソウル特派員時代に撮影した。大統領から贈られたと笑顔で話す小渕氏に金大中氏への「リスペクト」を感じて、ほほえましく思った。

その年に小渕氏は首相となり、10月、金大統領を国賓として東京に迎えて日韓首脳会談を行った。そして、「日韓共同宣言」が発表された。小渕首相は、植民地支配について「痛切な反省と心からのお詫び」を表明した。金大統領はこれを評価し、「不幸な歴史を乗り越えて和解と善隣友好協力に基づいた未来志向的な関係を発展させるためにお互い努力する」ことが、時代の要請だと訴えた。

この合意を受けて、韓国では日本の大衆文化が段階的に開放された。その代表的な作品の一つが日本映画『Ｌｏｖｅ　Ｌｅｔｔｅｒ』(岩井俊二監督)だ。映画は韓国で大ヒットし、舞台となった北海道ブームが巻き起こった。そして日本では、韓国ドラマ「冬のソナタ」で、韓流ブームが起きた。日韓の新時代を象徴する動きだった。

ところが、こうした和解ムードが近年悪化している。第二次安倍政権では、河野談話見直しの声が一時高まった。西岡力氏、櫻井よしこ氏らは河野談話の見直しを訴えてきた。こうした状況の中で、嫌韓本が売れ、ヘイトスピーチが横行。私は激しいバッシングを受けてきた。

日韓関係の悪化は両国の「外交の貧困」「政治家の劣化」から引き起こされているように思える。しかし、いつまでも「政治」や「外交」だけに責任を転嫁することはできない。もう一度、この日韓共同宣言の精神に立ち返る必要があるのではないか。われわれ日韓の市民がこの溝をどう埋めていくかが問われている。日本と韓国は、互いに引っ越すことのできない隣国同士だ。

3月3日の韓国への出発の日が近づいてきた。１９８７年から1年間の語学留学生時代以来、29年ぶりの韓国での大学生活が始まる。一日一日を大切にしながら、私なりに日韓交流の推進に尽くしていきたい。

私のソウル特派員時代に生まれた娘は、高校3年生。激しいバッシングに晒されたが、将来の夢に向かって、いま受験勉強に打ち込んでいる。この本の題名を見せたら、「父ちゃんはいつも、〈「捏造記者」ではない〉だね」と笑っていた。「なんでこんなことで、バッシングを受けるのか」と妻に弱音を吐いたことがある。妻は「慰安婦のハルモニの苦しみに比べたら、あなたの苦労はなんでもない」と、彼女なりの励ましをしてくれた。飄々かつ毅然とした家族の態度に支えられている。

この本の校正に追われていた今年1月29日、札幌地裁で「進行協議」が開かれた。原告側、被告側、裁判官が集まって今後の進め方を話し合うもので、第1回から第3回までの口頭弁論の期日が決まった。4月22日、6月10日、7月29日。いずれも金曜日の午後3時30分から、一番大きい805号法廷で行われる。西岡氏を訴えた東京訴訟に続いて、櫻井氏を被告とする札幌での裁判もいよいよ始まる。改めて、闘志が湧いてきた。東京同様、多くの方々に傍聴や報告集会へ足を運んでいただければ、心強い。裁判のことなどは、「植村応援隊」や「植村裁判資料室」のブログなどで情報提供してくれている。

韓国との出会いやバッシングの日々を描いたこの本は、多くの人びとの協力で、日の目を見ることになった。岩波書店の友人に一昨年9月、「記録をとるように」と助言されたのが、始まりだった。『文藝春秋』『世界』『創』『週刊金曜日』に発表した手記を生かすだけでなく、かなりの部分を書き下ろした。

編集や点検作業では、「植村応援隊」事務局の大きな協力があった。東京と札幌の弁護団の方々には原稿をチェックしていただいた。ご支援をいただいたすべての皆さんに感謝の意を表したい。本の印税は、両弁護団の弁護士費用にあてるつもりだ。

この本を手に取ってくださった読者の皆さんに感謝すると共に、この本が日本と隣国との関係を考える上での一助になればと願っています。

2016年2月　雪の札幌で

植村　隆　記す

植村 隆

1958年，高知県生まれ．早稲田大学政経学部政治学科卒．1982年朝日新聞入社．仙台，千葉支局，大阪社会部などを経て，テヘラン支局長，ソウル支局，北海道支社報道部次長，東京本社外報部次長，中国総局（北京）を経て，2009年4月から北海道支社報道センター記者，2013年4月から函館支局長．2014年3月早期退職．2010年4月早稲田大学大学院アジア太平洋研究科（博士後期課程）入学．2012年4月から16年3月末まで北星学園大学非常勤講師．2016年3月から21年2月まで韓国のカトリック大学校客員教授．2018年9月から『週刊金曜日』発行人兼社長．

著書に『ソウルの風の中で』（社会思想社），共著に『マンガ韓国現代史　コバウおじさんの50年』（角川ソフィア文庫），『新聞と戦争』（朝日新聞出版）など．

真　実　私は「捏造記者」ではない

2016年 2月26日　第1刷発行
2022年10月25日　第3刷発行

著　者　植村　隆（うえむら　たかし）

発行者　坂本政謙

発行所　株式会社 岩波書店
〒101-8002 東京都千代田区一ツ橋 2-5-5
電話案内 03-5210-4000
https://www.iwanami.co.jp/

印刷・三秀舎　カバー・半七印刷　製本・松岳社

ISBN 978-4-00-061094-0　　Printed in Japan